Notre-Dame d'espérance

Monseigneur Patrick Chauvet

# Notre-Dame d'espérance

PRESSES
DE LA
RENAISSANCE

12, avenue d'Italie
75013 Paris
Tél. : 01 44 16 09 00
Fax : 01 44 16 09 01
www.plon.fr
www.lisez.com

Mise en pages : Graphic Hainaut
Dépôt légal : mai 2019
ISBN : 978-2-7509-1429-5

*À l'archevêque de Paris,*
*aux chapelains de la cathédrale,*
*aux salariés et aux bénévoles,*
*toute ma reconnaissance.*

# Préface

Il y a deux ans et demi, au conseil d'administration de Radio Notre-Dame, intriguée par le petit carton de mon voisin en col romain sur lequel était inscrit « Monseigneur Patrick Chauvet », j'osais faire une messe basse pour l'interroger sur son titre, pendant que l'un des membres égrenait des chiffres. « Recteur et archiprêtre de Notre-Dame de Paris », me répondit-il, un brin laconique, avec juste un sourire. Là, mon cœur se mit à battre très fort, ayant habité plusieurs années dans l'île de la Cité tout près de la cathédrale, j'entendais, les soirs d'été, quand les fenêtres étaient ouvertes, les musiques des grandes orgues monter vers le ciel.

À la fin de la réunion, ne résistant pas à multiplier les questions, nous avons donc pris rendez-vous pour évoquer son « métier » si particulier. Une mission pastorale initiée en septembre 2016 que le recteur caractérise par « l'émotion esthétique et la beauté de la liturgie ». Soit, mais pour une insatiable journaliste et écrivain, c'en était trop peu ! Mon interlocuteur a alors accepté de se confesser avec verve et patience. C'est pourquoi j'ai pensé que la charge insolite de cet ancien professeur de lettres devenu prêtre et prédicateur ne devait pas rester confidentielle. Qu'il lui fallait raconter ces riches heures dans un livre. Après tout,

Notre-Dame de Paris était, jusqu'à ce fatal lundi 15 avril 2019, le monument le plus visité de France devant le Louvre et la Tour Eiffel !

Quant à Patrick Chauvet, très réactif, l'œil pétillant, à l'affût de tout, un faux air de Tintin, c'était l'ange gardien de cette église chargée d'histoire, alors desservie par dix prêtres, vingt clercs étudiants, cinq organistes et les cent soixante chanteurs de la maîtrise. Il partageait les grandes célébrations et messes solennelles de ce haut lieu de spiritualité aux deux tours majestueuses, avec l'archevêque de Paris Mgr Michel Aupetit, titulaire de la cathédrale. Que de souvenirs ! Le général de Gaulle était venu le 26 août 1944 quand fut chanté un *Te Deum* après la libération de Paris. Et, sous la Vᵉ République, y furent célébrées des messes de *Requiem* pour Charles de Gaulle, Georges Pompidou, François Mitterrand et, plus récemment, pour les victimes d'attentats terroristes.

Émouvantes pensées pour cet archiprêtre de soixante-sept ans, responsable de cet édifice religieux de huit cent cinquante ans, riche de trésors parmi les plus précieux de la chrétienté telle la couronne d'épines du Christ, relique achetée par Saint Louis il y a près de huit siècles, et marquée par la visite de trois papes : Pie VII lors du couronnement de Napoléon Iᵉʳ en décembre 1804, Jean-Paul II en août 1997 et Benoît XVI en septembre 2008.

Pour assurer sa prestigieuse mission, Patrick Chauvet était à la tête d'une PME de soixante-sept salariés et quarante bénévoles. Ici, même dans une atmosphère de prière, le Seigneur avait son syndicat ! Avec trente mille visiteurs par jour, au-delà des préoccupations religieuses classiques, gérer signifiait contrôler avec une autorité maîtrisée le budget de fonctionnement, s'occuper de l'accueil, de l'éclairage, du chauffage, de la petite boutique d'objets pieux, sans oublier le site Internet… S'appuyant sur une solide expérience en partie acquise lorsqu'il était recteur de la basilique de Montmartre, le prélat faisait preuve d'une disponibilité sans faille pour accueillir le monde entier : du simple touriste chinois à Melania Trump, au roi et à la reine de Suède, au commandant suprême des forces alliées en Europe, au chef de la Ligue islamique mondiale !

C'est tout ceci que vous allez apprendre dans cet ouvrage, qui reste d'actualité en dépit du terrible incendie ayant ravagé Notre-Dame de Paris le lendemain du dimanche des Rameaux et dont on n'aurait jamais pu imaginer bien sûr qu'elle brûle. Un univers qui s'écroule même si, Dieu soit loué, ce désastre n'a fait miraculeusement aucun mort. Pas même les abeilles nichées dans les trois ruches des toits produisant cent kilos de miel par an. Ce douloureux moment a suscité une immense émotion, une profonde tristesse certes mais aussi un élan tout à fait exceptionnel de solidarité en France et dans le monde.

Longue vie à Notre-Dame de Paris ! Son histoire va continuer de s'écrire…

Caroline Pigozzi,
écrivain et grand reporter à *Paris Match*

## « La Mère de Jésus était là. » (Jn 2,1)

C'est dans le silence du samedi saint que j'écris ces quelques lignes. Ce livre terminé bien avant l'incendie de la cathédrale relate la vie du recteur, des chapelains, des salariés et des bénévoles qui sont aujourd'hui dans la peine et inquiets face à leur avenir.

Ce lundi saint, comment pouvais-je imaginer un tel sinistre ? Le cœur serré, j'ai vu la cathédrale s'embraser, la flèche s'effondrer, la tour nord cracher du feu. Le général des sapeurs-pompiers, Jean-Claude Gallet, à côté de moi tout comme l'archevêque de Paris, Mgr Michel Aupetit, et ses auxiliaires et vicaires généraux, le président de la République et son épouse, le Premier ministre, la maire de Paris, le préfet de police et tant d'autres m'ont soutenu. J'ai vécu, comme tous les salariés, cette dépossession difficile. Pourquoi ? Le Seigneur est resté silencieux en cette nuit traumatisante.

À minuit, quand on nous a appris que la façade était sauvée, je suis entré avec le Président dans la cathédrale et j'ai regardé le triste spectacle… Oh ! La Vierge du Pilier était là, la Pietà et la Croix glorieuse étaient là, mais une partie de la voûte s'était écroulée à cause de la chute de la flèche.

La nuit fut courte, et tôt le matin je me suis retrouvé sur le parvis ; je suis allé à la porte de Notre-Dame. La voûte du chœur s'était également effondrée au cours de la nuit. Les pierres jonchaient le sol et l'autel avait été écrasé par le poids de la voûte. La cathédrale à ciel ouvert !

Cependant la Vierge était toujours là, debout, entourée des débris de sa cathédrale. Elle n'a pas été touchée, comme pour nous dire : Ne vous inquiétez pas, je suis là. La prière des fidèles au cœur de Paris a aidé les pompiers. Pris dans la tourmente médiatique, fatigué mais tellement entouré et aidé, je tiens, même si je craque parfois. Le Louvre est venu récupérer tous les tableaux... intacts ! Encore un miracle de Notre-Dame !

Dès le samedi saint, les équipes pour protéger le monument sont là ; je les ai remerciées. « Pas de week-end de Pâques pour "notre cathédrale" », m'ont-ils répondu.

Et l'avenir ? Je m'abandonne, mais j'ai confiance, car la Vierge Marie est là ; c'est sa maison, et elle attend tous ses enfants, car elle les aime !

Il y aura une « cathédrale éphémère », un lieu d'accueil pour bien signifier que la vie continue. Les dons multiples, les messages d'amitié du monde entier, l'aide des pouvoirs publics m'encouragent à me battre ! J'avais entrepris la restauration du chevet et de la flèche à l'aide du mécénat. Il y a aujourd'hui le chevet, la flèche, les voûtes, la charpente, la toiture..., bref, je deviens un bâtisseur de Notre-Dame ! Le Seigneur nous fait parfois passer par des chemins inattendus.

Mon archevêque me confie cette nouvelle mission ; je suis sûr que l'Esprit-Saint, le Consolateur, m'assistera pour que je sois avec tous les bâtisseurs un signe de communion et d'espérance.

Puisse la lecture de ce livre vous faire entrer dans ce beau mystère qu'est Notre-Dame. Ce que nous avons vécu avant le drame, nous le revivrons rapidement, j'en suis convaincu, et je me donnerai à fond pour que la cathédrale soit toujours aussi belle et vivante.

Dimanche de Pâques
21 avril 2019
Monseigneur Patrick Chauvet
Recteur-archiprêtre de la cathédrale
Notre-Dame de Paris

# Introduction

Ce samedi de Pentecôte 2016 vers 11 heures, le téléphone sonne. Je suis dans mon bureau, boulevard des Invalides, face à l'église Saint-François-Xavier. Opéré quelques jours plus tôt de mon épaule droite, je suis en train de lire et de regarder ma paroisse que j'aime tant.

Je décroche et j'entends la voix du vicaire général : «Cher Monseigneur, je vous annonce que le cardinal-archevêque de Paris vient de vous nommer recteur-archiprêtre de sa cathédrale. Acceptez-vous, bien que vous ayez encore une année à faire à Saint-François-Xavier ? »

Sans hésiter j'ai dit oui, car l'obéissance à l'évêque est source de liberté. Il faut dire que l'évêque auxiliaire avait évoqué quelques mois auparavant cette éventualité. Puis ce fut le silence épiscopal !

Après avoir raccroché, je me trouve bien seul dans mon appartement. C'est la fin de huit années de bonheur ; une belle action de grâces ! Mais il y a comme un tournis. Comment vais-je annoncer cette nomination ? Encore un déménagement, et lorsque le prêtre est professeur de théologie, il y a quelques livres dans sa bibliothèque… Pour autant, je ne me suis pas précipité à la cathédrale où j'avais été ordonné le 28 juin 1980 par le cardinal Marty. Chanoine et même doyen du chapitre, je connaissais ce haut lieu spirituel, mais pas les recoins, et je n'avais pas ouvert les placards, de peur peut-être de rencontrer Quasimodo !

Avant de rentrer à l'Institut catholique de Paris au séminaire des Carmes, j'étais professeur de lettres classiques à Sainte-Croix-de-Neuilly, là où j'ai d'ailleurs fait toute ma scolarité. Deux ans de joie, celle de la transmission, de l'éducation. Le contexte était bien différent ! Il y a quarante-huit ans, il était facile de parler de Racine, de Pascal, de Baudelaire et de tant d'autres. Nous aurons l'occasion d'en parler plus longuement. Passionné de théâtre, il m'arrivait de monter sur les planches, et je pensais même en faire ma carrière ! Mais le Seigneur en a décidé autrement...

Le temps du séminaire est celui de la dépossession de sa vocation ; c'est à l'Église de ratifier l'appel entendu. C'est le temps du combat spirituel où l'on repense à ce que l'on a quitté ; mais, à bien y réfléchir, nous n'avons pas une vocation de séminariste, et finalement l'ordination arrive vite. Me voilà nommé aumônier à Sainte-Croix-de-Neuilly. Élève, professeur, aumônier... je connais la maison et l'esprit de ce grand collège qui a donné tant de vocations. C'est dans cet établissement que j'ai rencontré des prêtres heureux, de vrais éducateurs à la liberté qui ne confondaient pas discipline et dressage.

Comment ne pas évoquer la manécanterie ? J'y fus alto puis ténor ; belle école de la liturgie, de la vie communautaire, de la maîtrise de soi, ce fut aussi un foyer de vocations. C'est mon père spirituel qui m'a demandé de poursuivre des études supérieures à Nanterre, la fac révolutionnaire. Mais, en lettres classiques, les étudiants étaient sages et travailleurs. Cela ne m'a pas empêché de participer à la vie de la faculté et à prendre des engagements politiques.

Me voici donc à Sainte-Croix comme aumônier ; pour trois années où j'ai pu réfléchir au sujet de l'éducation des jeunes. Ce temps m'a marqué et aidé pour la suite de mon ministère. Avant l'ordination, l'archevêque de Paris nous avait dit : « Il y aura besoin de formateurs dans les séminaires ! » Dans ma prière, j'ai dit au Seigneur : « Tout sauf cela ! » Là encore le Seigneur décide pour nous ; mais n'est-ce pas l'essence de la vie apostolique ? Les apôtres n'ont pas choisi leur mission ; ils l'ont reçue.

À peine ai-je terminé mes trois premières années de ministère que me voici nommé directeur au séminaire et professeur de théologie au second cycle. Cette fois-ci, mon été s'est passé dans les livres ! J'avais commencé un doctorat sur saint Basile, père cappadocien du IVe siècle, que j'ai achevé durant cette période. Douze ans au service de la formation des prêtres. Là encore, un temps de grâces… Nous voyons l'œuvre du Seigneur dans la vie de ces jeunes qui se préparent au sacerdoce.

Au bout de six ans au séminaire Saint-Sulpice où j'ai appris le métier, j'entre au séminaire de Paris et à l'école cathédrale où j'ai mis en place le *studium*, c'est-à-dire le programme des études philosophiques, théologiques et exégétiques sous la houlette du cardinal Lustiger.

L'été, avec les séminaristes, nous faisions l'évangélisation des plages bretonnes. Que de souvenirs !

Puis ce fut le temps du changement. Le cardinal me nomma recteur du Sacré-Cœur de Montmartre ; j'avais eu comme mission de renouveler la pastorale avec l'arrivée des bénédictines du Sacré-Cœur. Pas une mince affaire ! Là aussi, il fallait gérer le personnel laïc, les touristes, et renouveler l'animation spirituelle, comme le fit quelques années auparavant Mgr Charles, grande figure sacerdotale de notre diocèse. Finalement, je découvre que j'aime les challenges ! Quatre années où j'ai découvert la spiritualité du Cœur du Christ.

Mais, trop rapidement, me voici parti à la direction de l'Enseignement catholique de Paris et en même temps supérieur de Saint-Jean-de-Passy.

Je suis de nouveau dans le monde de l'éducation ! Trois années de bonheur où je retrouvais mon charisme d'éducateur et de père spirituel. À peine installé, le cardinal me nomme curé de Saint-Honoré d'Eylau.

Enfin curé ! Je commençais à me dire : « Le Seigneur ne veut pas te confier une paroisse. » Pourtant j'avais ce désir au plus profond de mon cœur. Tristesse de quitter Saint-Jean, joie d'être enfin curé ! Mais là encore, le Seigneur nous conduit ! À peine installé, l'archevêque m'invite à dîner un dimanche soir de juin pour m'annoncer que je devenais vicaire général… J'ai cru que le plafond de la salle à manger me tombait sur la tête ! Il me demandait de renoncer à mes engagements et d'être disponible pour cette nouvelle mission. Le déménagement ne m'a pas trop dérangé, les livres étaient encore dans les cartons.

Cinq années comme vicaire général, deux avec le cardinal Lustiger et trois avec le cardinal Vingt-Trois. Une mission difficile ! L'accompagnement des prêtres, éteindre les incendies, en allumer d'autres ; les confirmations où je retrouvais les jeunes ; les trente-huit visites pastorales qui m'ont permis de découvrir l'Est parisien, la vitalité des paroisses et le travail merveilleux des prêtres.

À côté de cela, il y a l'administration du diocèse, les orientations pastorales et les nominations des curés et des vicaires. Là, j'ai compris que ce n'était pas si simple. Cinq années de découvertes et d'action de grâces !

Et puis, le curé de Saint-François-Xavier venait d'être nommé évêque et il fallait chercher un nouveau pasteur. Le cardinal m'a nommé là ; il savait que je souhaitais redevenir curé et, pour me remercier d'avoir accepté d'être son vicaire général, il m'a nommé dans cette paroisse, près des Invalides, avec comme condition de préparer le voyage apostolique du pape Benoît XVI et d'accompagner la mise en place du *motu proprio* concernant la messe tridentine. Ce que j'ai accepté bien volontiers.

Huit années à Saint-François-Xavier : que de rencontres, que de missions, que d'événements ! Il faudrait un livre entier pour raconter tout ce que j'ai vécu avec les prêtres et les paroissiens. Je me suis donné sans compter… pour rattraper ces années où j'avais tant désiré être curé ! J'ai croqué la pomme à pleines dents, et ce fruit n'était pas interdit ! Il y a quelques mois, un jeune enfant, regardant KTO, la télévision catholique, notamment les vêpres et les conférences à Notre-Dame, me demande sur Internet : « Que faut-il faire pour être recteur-archiprêtre de Notre-Dame ? » et je lui réponds : « Se laisser conduire par l'Esprit ! »

Quand je regarde toutes ces années, je vois comme un fil rouge.

Tous ces ministères si différents m'ont préparé à cette nouvelle tâche : éducateur, directeur spirituel, professeur de théologie, chanteur et liturge, administrateur, la proximité avec les fidèles, la charité pastorale, l'amour de l'Église et du sacerdoce.

Oh, tout n'a pas été parfait ! Le prêtre a ses limites et il vit avec. « La grâce, dit saint Thomas d'Aquin, ne détruit pas la nature. » L'ordination le transforme « en mieux », dit saint Grégoire de Nysse, mais il demeure ce qu'il est, avec sa propre histoire. Celles et ceux qui travaillent avec moi le savent bien.

Après ce long détour, revenons dans mon appartement à Saint-François-Xavier. Il faut tout d'abord garder le silence jusqu'à la nomination officielle et faire semblant… de rester ! Mais l'esprit est ailleurs… sur l'île de la Cité.

Il faut entrer dans une histoire, une succession ; opérer un discernement pour faire avancer ce grand vaisseau ; apprendre à connaître l'équipe des chapelains et les soixante-sept salariés laïcs.

J'arrive à la cathédrale après les attentats terroristes du Bataclan ; les touristes commencent à déserter la capitale et les fidèles réfléchissent avant de venir. Mais la cathédrale vit aussi du tourisme… Quelques problèmes financiers peuvent poindre – à la fin du mois, je dois faire la paie… Tout au moins signer les virements ! –, mais confiance, le Seigneur est là !

L'été est arrivé, et me voici en Bretagne pour prendre des forces et réfléchir à une pastorale qui doit à la fois s'appuyer sur le travail des prédécesseurs et répondre aux nouvelles attentes des fidèles.

J'arrive à Notre-Dame le 15 août au soir, date symbolique, fête de l'assomption de Marie et en même temps de cette cathédrale où, à la fin de la procession mariale, l'archevêque qui préside relit le vœu de Louis XIII, consacrant le royaume de France à la Vierge. J'avais quinze jours d'avance, car ma prise de fonctions ne commençait que le 1er septembre. Alors, sans bruit, j'ai « habité » la cathédrale ; j'ai prié en regardant la Vierge du Pilier que j'aime tant. C'est la patronne de la maison ; il vaut mieux être bien avec elle ! Son visage de tendresse m'a toujours ému depuis mon ordination ; encore plus en cette fin du mois d'août, où je m'apprête à devenir le recteur de cette cathédrale.

# La mission pastorale du recteur

## Le mystère de Notre-Dame

À peine arrivé le 1er septembre, le personnel m'accueille chaleureusement, mais se demande à quelle sauce il va être mangé... Tout changement déstabilise, et il y a un temps d'apprivoisement. Étais-je le renard ou le Petit Prince ? Sans doute les deux à la fois ! Mon prédécesseur était resté treize ans, et les habitudes étaient prises...

Il faut laisser du temps au temps et ne pas tout bouleverser. Chaque recteur a ses charismes et marque la vie de la cathédrale.

J'ai donc regardé, écouté et, comme tout « boss », étudié les comptes financiers, le nerf de la guerre – il faut dire que mon passage à la basilique du Sacré-Cœur m'y avait préparé.

Les recettes baissent, alors les économies doivent croître, car, non, je n'ai pas de planche à billets. Le personnel a coopéré en acceptant de ne recevoir aucune augmentation. Je n'ai pas fait HEC, mais le bon sens fait savoir lorsque l'on doit réduire la voilure...

Cependant, le recteur n'oublie pas que ce monument est d'abord celui de l'archevêque, qui lui confie sa cathédrale afin qu'elle puisse répondre aux besoins du diocèse et qu'elle soit rayonnante. C'est dire qu'il faut une profonde communion entre lui et le recteur. À l'arrivée du nouvel archevêque, nous nous sommes rencontrés longuement pour qu'il me donne ses orientations pastorales ; et chaque dimanche soir, nous nous retrouvons avant la messe de 18 h 30 pour partager nos soucis mais aussi pour vivre un temps d'amitié et de partage. L'archevêque doit être heureux chez lui, alors le recteur le sera avec lui.

Progressivement, je découvre l'ampleur de la mission confiée : un patron de PME, une dimension culturelle, politique, diplomatique et, Dieu merci, la dimension pastorale qui me tient le plus à cœur.

Je commencerai par là. La liturgie est le centre de la vie spirituelle de la cathédrale. Elle a toujours été soignée grâce à Musique Sacrée, aux organistes et à la prédication des prêtres. Depuis deux ans, c'est une grande joie et une grande chance que de vivre de si belles liturgies !

En arrivant, les organistes – nous en avons cinq –, le maître de chapelle, directeur de la Maîtrise Notre-Dame, une des meilleures écoles de musique, se sont probablement empressés de regarder mon CV sur Wikipédia et ont pu voir que j'aimais le chant choral et la grande musique, du grégorien à Palestrina, en passant par Bach, Vivaldi, Monteverdi et tant d'autres. Petit chanteur, je participais aux congrès internationaux des Pueri Cantores, et ce fut l'occasion de rencontrer le chanoine Revert qui fut un grand liturge et maître de chapelle de Notre-Dame pendant de nombreuses années. Je m'inscrivais ainsi dans cette belle tradition musicale et liturgique.

La première grande liturgie à mettre en place fut en réalité mon installation par le cardinal... À Notre-Dame, aucune improvisation, sauf à l'orgue ! Personne ne s'imagine ce que cela représente. Il faut écrire le « conducteur », c'est-à-dire le plan pour les places réservées, les évêques, les vicaires généraux, les chanoines et les prêtres qui ont eu l'amitié de prier avec moi et pour moi, les textes de la liturgie, les déplacements dans le chœur, bref, le déroulement, du départ de la sacristie jusqu'au retour.

Il y a ensuite le travail des sacristains ; ils sont cinq eux aussi, passionnés par leur travail. Il faut préparer les chasubles, prévoir les aubes des prêtres qui ont oublié d'apporter la leur ; les ciboires pour la communion ; les linges d'autel, le calice de l'archevêque. Chaque détail est important.

Les fleuristes chaque semaine refont les bouquets. Un luxe ? Non, les fleurs font prier ; elles entourent la Vierge du Pilier ; de grands bouquets sont placés dans différentes chapelles comme celle du Saint-Sacrement, celle de la Couronne d'épines ; un bouquet sur le podium liturgique, un autre au pied du grand crucifix en bronze et au pied de la Vierge des étudiants.

Il faut aussi évoquer la régie qui travaille avec KTO et Radio Notre-Dame. Sonoriser ce grand monument n'est pas si simple. Le régisseur, durant toute la célébration, doit contrôler la balance son, fermer tel micro, ouvrir tel autre, éviter les effets larsen, etc. Le conducteur liturgique est là afin qu'il puisse suivre la célébration.

Il y a les services techniques qui préparent la cathédrale : installer des chaises supplémentaires, vérifier l'électricité, mais aussi préparer la réception au chevet de la cathédrale, sans oublier de mettre les clefs du bâtiment sur le coussin rouge que me remettra le cardinal à la fin de la messe.

Comment ne pas évoquer le secrétariat qui met en pages la feuille de liturgie avant de la donner à l'imprimeur ? En même temps, les assistantes doivent gérer l'agenda, les invitations, le courrier, etc.

Le responsable de la communication, quant à lui, organise la présence des médias.

Il me faut dire deux mots sur la sécurité... Le recteur est bien protégé et, depuis les attentats, il est surveillé...

Attention aux « pas de clerc » ! Mais si la cathédrale est particulièrement sous bonne protection, c'est parce qu'elle symbolise l'histoire de la France, celle des rois, celle de l'Empire et celle de la République. C'est aussi l'histoire chrétienne et les racines de notre si beau pays. Ainsi, une société de sécurité est aux portes de la cathédrale pour une fouille systématique des visiteurs, et une équipe de surveillants, membres du personnel, est attentive au comportement des touristes qui oublient qu'ils sont dans une église et des fidèles qui ont parfois des élans mystiques pas toujours faciles à canaliser.

Si la cathédrale ferme à 19 heures, la vie y continue ! Ainsi, le facteur d'orgues vérifie l'état du grand orgue avec ses huit mille tuyaux et l'accorde avec celui du chœur pour qu'ils soient dans le même ton. La chaleur, la poussière, les variations de température obligent la présence de ce spécialiste qui doit être disponible vingt-quatre heures sur vingt-quatre.

Comme chaque vendredi, le « Burex » qui réunit les responsables des services se retrouve pour régler les derniers détails : la sacristie, le secrétariat, les services techniques, la communication, la boutique, le gardien, les surveillants et la responsable des affaires économiques.

Tout semble prêt. Il est 17 heures ce dimanche. Les clercs sont déjà en aube prêts à servir l'archevêque. Ces vingt-cinq jeunes étudiants reçoivent une formation spirituelle sur le mystère de la liturgie. Ils sont disponibles et leur engagement est précieux pour la vie de la cathédrale. En effet, à chaque célébration dominicale, aux rassemblements diocésains, aux processions, durant la semaine sainte, ils sont sollicités. On ne s'improvise pas grand clerc ; cela suppose de faire des répétitions. Non seulement ils sont au service de l'archevêque, mais aussi au service des fidèles. Leur présence priante favorise la vie intérieure de la cathédrale.

Le portail central est ouvert pour que je puisse accueillir les personnalités politiques : Mme Rachida Dati, la maire du 7e arrondissement d'où je venais qui, par amitié, a souhaité m'accompagner dans cette nouvelle aventure. Mme Chirac, quelques députés comme Bernard Debré. Le préfet de police, le commissaire du 4e arrondissement, Mme Hidalgo, maire de Paris, les représentants du ministère de la Culture, M. Delanoë, attaché à la cathédrale, notamment aux concerts du mardi soir, le commandant de la compagnie motocycliste de la préfecture de police… toujours utile pour se frayer un chemin à l'heure des embouteillages ; n'ayez crainte, je n'en ai pas abusé ; d'ailleurs, sachez que la récitation du chapelet chasse toute violence intérieure due à l'énervement ou au manque de patience !

La présence de ces personnalités me montrait, s'il en était besoin, la dimension politique de ce ministère que l'on venait de me confier.

La cathédrale est remplie, et mon cœur est plein de joie. La célébration se déroule sans incident et, à la fin, un clerc apporte au cardinal le fameux coussin où reposent les grosses clefs des portails. Il me les confie en me demandant de laisser la cathédrale le plus souvent ouverte, comme en écho aux paroles du pape François : « Sortir de ! Sortir de ! Pour moi, cela est comme le centre de l'évangélisation. Et sortir signifie arriver à, c'est-à-dire proximité » (12 mai 2014).

La réception au chevet de la cathédrale permet de retrouver des anciens paroissiens, et de découvrir de nouveaux partenaires, dont les chevaliers du Saint-Sépulcre présents en raison de la Sainte Couronne d'épines confiée à la cathédrale au moment où la Sainte-Chapelle devint un musée après la Révolution. Les chevaliers sont les gardiens de cette relique unique au monde. J'aurai l'occasion d'y revenir.

Un tourbillon sous les lumières de ce chevet qui a plus de huit cent cinquante ans ! Les derniers invités partis, je m'acheminais, épuisé, dans mon appartement, et, sans trop tarder, après les complies, plongeais dans les bras de Morphée, avec toutes ces images éblouissantes.

Le recteur se lève tôt, car il se couche tôt. J'ai toujours eu une vie bien réglée, sans doute un peu monastique... Mais l'avenir appartient aux gens qui se lèvent tôt, paraît-il.

À l'ouverture des portes, j'entre dans la cathédrale. Je m'assieds devant la statue de la Vierge du Pilier. Le calme règne et les idées commencent à tourner sous mon crâne. Me viennent un premier défi – que les touristes deviennent des pèlerins – et un second – que les fidèles trouvent ce qu'ils recherchent.

Je prie souvent le matin ou le soir après la fermeture. Ce sont des moments de repos spirituel où l'on apprécie le silence. Seules les pierres parlent et racontent l'histoire de Notre-Dame.

Priorité des priorités : la vie spirituelle, l'âme de la cathédrale. Mais comment faire avec ces dix millions de visiteurs si loin de notre foi ? Bon nombre ne comprennent pas ce qui se vit dans ce haut lieu ; ils sont émerveillés par la majesté de l'architecture, mais ils n'en profitent pas. Certains, le portable à la main, font le tour en à peine plus de trois minutes, car la cathédrale fait partie du circuit touristique. Pourtant, il suffit d'une brise légère pour que Dieu intervienne dans une vie. Il me faut travailler à cette notion de « mystère ».

Nous avons le cadre ; je me suis attaqué à l'éclairage, et les chapelles ont repris vie : les tableaux sont mis en valeur, les autels sont habillés de nappes blanches, et les cartons abandonnés dans un coin, près d'un diable rouge, ont disparu, le comble ! Mais là où se trouve le bon Dieu, le diable aime rôder.

Il suffit de peu de chose pour que le mystère de Notre-Dame devienne un mystère sacré. Laissez-moi partager avec vous quelques convictions. Tout visiteur, touriste ou fidèle, est par nature et par vocation un être religieux. Alors, comme le dit le catéchisme : « Venant de Dieu, allant vers Dieu, l'homme ne vit une vie pleinement humaine que s'il vit librement son lien avec Dieu » (n° 44). Le parvis est un forum avec les agitations du monde ; en entrant dans la cathédrale, un peu sombre, résonne en filigrane sonore ce verset du psaume 41 : « Comme un cerf altéré cherche l'eau vive, ainsi mon âme Te cherche Toi, mon Dieu. »

Si nous sommes des chercheurs de Dieu, n'oublions pas que Dieu nous cherche aussi. Souvent, Il se cache derrière un pilier, à travers un rayon de lumière qui illumine l'une des trois rosaces, la voix d'un soliste de la Maîtrise, un passage de la Parole de Dieu proclamée à l'ambon, le sourire d'un chapelain bénissant une médaille, que sais-je ?

Dans notre monde où nous vivons à la surface de nous-mêmes, nous sommes en train de nous dessécher, coupés de la source d'eau vive. La cathédrale est une source d'eau vive, encore faut-il accompagner les fidèles à la source, et cette source est la liturgie.

Franchir le seuil de la demeure de Dieu exprime une confiance en Dieu. C'est pourquoi ce monument ne sera jamais un musée. Chaque histoire spirituelle est unique ; il s'agit alors de réveiller le désir qui se trouve au plus profond de nos cœurs. Quelles images nous faisons-nous de Dieu ? Il y a un piège : beaucoup ne cherchent pas à voir Dieu, mais à Lui donner un visage ; or Dieu n'a pas de visage, ou plutôt Il n'a qu'un seul visage, celui qu'Il a pris en s'incarnant. Alors, il faut que le visiteur se laisse surprendre et pour cela qu'il oublie les représentations qu'il s'est faites de Dieu, le Père moralisateur, Fouettard, justicier ; sinon, il passera à côté du mystère ! On ne visite pas Notre-Dame, on part à la recherche de Dieu. Certains ont peur d'entrer dans le sanctuaire car ils se sentent indignes ; ils ont du mal à croire que Dieu les aime avec toute leur histoire ! Mais Dieu nous attend comme nous sommes.

Heureuse l'âme qui, attirée si près de Dieu, pourra dire : « J'ai vu Dieu ! » Belle expérience spirituelle de percevoir la lumière et de se laisser toucher par Sa Présence. À l'âme de nommer cette lumière et ces touches successives.

À la différence du bouddhisme où le travail du moine pour arriver au Nirvana est tout humain, le marcheur chrétien doit accueillir la grâce. L'on comprend alors que le travail pastoral du recteur est de vérifier sans cesse que rien ne fait obstacle à l'œuvre de la grâce. Mais il faut si peu de chose pour que l'âme se ferme comme une huître : un mauvais accueil, une remarque désagréable, un regard dur, une attitude psychorigide ; mais on peut comprendre aussi les difficultés des surveillants, par exemple, à maintenir le silence, à exiger une tenue correcte, surtout en été ! J'ai effectivement imposé aux hommes comme aux femmes une tenue vestimentaire un peu plus habillée pour rappeler que la cathédrale n'est pas « Paris Plages ». Respect pour le Seigneur, respect pour les fidèles qui prient. Je me suis fait agresser plusieurs fois par des touristes français, me faisant traiter d'intégriste… Non ! Mais je suis attaché aux règles de politesse qui aident à vivre ensemble. J'ai toujours pensé qu'il faudrait donner des cours de maintien, dès le primaire jusqu'à l'université !

Revenons à la source du mystère. Attention, le mot mystère peut être ambigu ; il ne s'agit pas de quelque chose d'ésotérique comme le mystère d'Éleusis ou les révélations de la Pythie à Delphes. Non, le mystère est le dessein d'Amour du Père, caché depuis les siècles et devenu manifeste par l'Incarnation du Fils de Dieu. Comme aimait le rappeler le pape émérite Benoît XVI : « Nous devons reconquérir la dimension sacrée dans la liturgie. [...] Il n'est absolument pas utile que le curé se creuse la tête pour trouver je ne sais quelles idée ou nouveauté riches d'imagination [...] : l'essentiel dans la liturgie, c'est le mystère. » Et c'est pourquoi la participation à la liturgie n'est pas de faire, mais d'écouter, de s'ouvrir et de recevoir. Ce fut l'attitude du jeune Paul Claudel aux vêpres de Noël, à côté de la Vierge de tendresse, qui fut touché par ce qui le dépassait totalement.

Point n'est besoin d'une liturgie somptueuse pour que surgisse le mystère ; une messe du matin à la chapelle de la Pietà, au lever du soleil sur les vitraux qui reflètent des couleurs chatoyantes, face à la croix dorée victorieuse et devant Marie portant dans ses bras le Christ mort descendu de la Croix, nous conduit à l'Invisible.

Les touristes, trop nombreux, ne peuvent pas accéder à la chapelle qui se trouve au fond du chœur ; ils ont d'autres lieux pour se mettre en présence de Dieu. Mais les matinaux des messes de 8 et 9 heures ont ce privilège ! Il est vrai que quelques visiteurs de marque ou celles et ceux qui ont une visite avec les guides CASA (Communauté d'accueil dans les sites artistiques) l'ont aussi.

Comment ne pas évoquer ici les grandes heures religieuses et politiques de notre pays auxquelles la cathédrale fut si intimement liée ?

Les heures lumineuses, comme ce 18 août 1239 où le roi Saint Louis, pieds nus et vêtu d'une simple tunique comme les pénitents, vint déposer la Sainte Couronne d'épines de Notre-Seigneur avant qu'elle ne fût transférée à la Sainte-Chapelle.

Des heures plus sombres avec, en 1389, le couronnement et le sacre de la reine Isabeau de Bavière, l'épouse du roi « fol et bien-aimé » Charles VI ; avant que, en 1422, les deux bourdons de la cathédrale, « Marie » et « Jacqueline », ne sonnent le glas de la monarchie française pour les obsèques de Charles VI et qu'un enfant-roi, Henri VI d'Angleterre, soit couronné à Notre-Dame roi de France par l'évêque de Winchester en 1431.

Des heures heureuses avec les mariages princiers : en 1558, le dauphin François, le futur François II, épousant la jeune reine d'Écosse Marie Stuart ; en 1572, le roi Henri de Navarre, le futur Henri IV, avec Marguerite de Valois, la « Reine Margot » ; en 1853, le fastueux mariage de l'empereur Napoléon III avec Eugénie de Montijo. Ou bien les baptêmes au XIXe siècle de l'héritier des Bourbons, le duc de Bordeaux, de l'héritier des Orléans, le comte de Paris et de l'héritier des Bonaparte, le prince impérial.

Ces voûtes résonnent encore de la voix de Bossuet prononçant le 10 mars 1687, au cours d'une cérémonie qui passa pour la plus belle et la plus considérable qu'on eût vue, l'oraison funèbre du Grand Condé.

C'est en avril 1302 que Notre-Dame de Paris ébauchera son rôle national en accueillant les premiers états généraux du royaume convoqués par le roi Philippe IV le Bel. En fait, il faudra attendre la révolution de 1789 pour que la cathédrale entre pleinement dans l'histoire nationale et devienne le temple d'une « religion » nationale. La première et grandiose manifestation en sera le sacre de Napoléon Bonaparte comme empereur des Français le 2 décembre 1804.

Les *Te Deum* marquant les victoires de nos armées en novembre 1918 et en mai 1945, après ceux de l'ancienne monarchie, le général de Gaulle venant célébrer en 1944, par le *Magnificat* de Bach, le triomphe du peuple de Paris libéré, mais aussi les funérailles nationales du président Carnot en 1894, en plein conflit entre l'Église et la République, les célébrations au XXe siècle pour les obsèques des présidents de Gaulle, Pompidou et Mitterrand, confirmaient Notre-Dame dans sa mission d'unité nationale.

Et, bien évidemment, comment ne pas garder la mémoire du cardinal Pacelli, le futur pape Pie XII, évoquant en 1937, en des termes inoubliables, la vocation chrétienne de la nation française, ou celle de saint Jean-Paul II et du pape émérite Benoît XVI, venant se recueillir ici lors de leurs visites pastorales en France ?

Quand le recteur est seul dans la cathédrale, assis face à la Pietà dans le silence nocturne, il lui arrive de faire mémoire de cette histoire qui fit la France. Je n'oublie pas que le 10 février 1638, le roi Louis XIII, par une déclaration solennelle, place le royaume de France sous la protection de la très sainte et glorieuse Vierge Marie. La cathédrale conserve la mémoire perpétuelle de cet acte de consécration dans les deux statues royales de Louis XIII et Louis XIV en prière au pied de la Vierge de pitié. Chaque année, à la fête de l'Assomption, le vœu est renouvelé au moment de la grande procession mariale, magnifique témoignage de l'histoire de notre pays.

C'est mon côté « cocorico ». Entrer dans la cathédrale, c'est relire toutes ces belles pages qui ne se sont par arrêtées avec le général de Gaulle… Les visites de saint Jean-Paul II et de Benoît XVI, les grands rassemblements suite aux différents attentats terroristes rappellent combien ce haut lieu fait partie intégrante, aujourd'hui encore, de la France.

Le recteur s'inscrit dans cette histoire et il doit, avec ses moyens, la porter et l'assumer. Il y a parfois comme un vertige et l'attente d'un nouvel événement joyeux pour écrire une nouvelle page de cette vie fabuleuse… Bien sûr, on ne se prend pas pour Victor Hugo dont on a surtout commenté les si beaux poèmes. Mais, depuis la parution en 1831 de son roman *Notre-Dame de Paris*, que d'événements !

Notre-Dame est l'écrin précieux prêt à recevoir les trésors qui font la France ; elle est là pour écrire notre histoire…

# Notre-Dame, les bras ouverts

Saviez-vous que la cathédrale est l'un des lieux parisiens où se vit la miséricorde divine sept heures par jour ? Un ou deux prêtres sont là afin d'accueillir pèlerins et touristes qui souhaitent rencontrer un prêtre pour dialoguer ou se confesser. Bon nombre de ces prêtres parlent plusieurs langues – anglais, italien, espagnol, japonais, allemand, créole, bandara, arabe du Liban, fang, lingala, ukrainien, portugais, catalan, moré…

La cathédrale accueille le monde entier, mais le recteur a un handicap, il ne parle que la langue diplomatique ! Heureusement, de nombreux Français viennent à Notre-Dame pour faire une démarche spirituelle.

Que de rencontres extraordinaires ! Dieu fait des merveilles. Et la Vierge Marie s'en mêle : elle attire les fidèles avec tendresse. Que de jeunes et moins jeunes se demandent comment ils sont arrivés là, devant un prêtre ?

Marie appelle, et dès le parvis :

« Allez, viens, mon Fils veut te rencontrer ;

— Mais je n'ai rien à lui dire !

— Qu'importe ? Lui, il veut te dire : "Je t'aime !" »

Il est évident que nous ne dévoilerons pas ce qui se dit, se vit dans nos deux lieux d'accueil. Cela fait partie du secret de Dieu. Mais l'accueil est un des lieux privilégiés de la grâce. C'est souvent comme une première vitrine, une première rencontre pour bon nombre de pèlerins qui n'ont plus de points de repère. Certains ne sont pas entrés dans une église depuis des années. Alors, les chapelains de Notre-Dame sont souriants, à l'image du père des fils perdus qui attend sur le seuil de la porte le retour du fils prodigue. Souriants mais surtout écoutants! Je suis frappé de voir que dans notre monde si « branché », on ne sait plus communiquer. L'écran fait écran. Rien de plus beau que deux regards qui se croisent, mais que de peurs – la peur de la vérité, même si c'est cette vérité qui libère les cœurs!

Il y a une spiritualité de l'accueil; c'est là où se vit la dimension maternelle de l'Église : visage du Christ, visage de l'Église, visage maternel de l'accueillant et visage de l'accueilli se superposent. C'est à travers la rencontre de ces visages que la présence du Seigneur surgit. N'oublions pas que recevoir l'autre dans l'accueil nous permet de recevoir la présence du Seigneur. Cette rencontre exige de grandes qualités; c'est un moment où l'on oublie ce qui est soi pour s'intéresser à l'autre; l'attention gratuite à l'autre est un vrai don de soi. Si la rencontre est vraie, elle devient une vie qui va permettre à l'accueilli de construire sa propre vie, de rassembler les éléments épars en lui-même. Ces éléments vont prendre vie et prendre sens. Que de vies tourmentées, agitées et qui ont besoin de retrouver une unité! Comme le dit le psalmiste : « Unifie mon cœur. » Les dialogues que nous avons devraient aider un fidèle à se rapprocher de lui-même, c'est-à-dire à se rapprocher du Christ, à le faire revenir vers son cœur, la source de l'unification de son être.

Lorsque le visage humain se penche sur un autre visage, c'est le cœur de l'un qui devient compagnon du cœur de l'autre. Faire exister, donner existence, faire vivre, dévoiler, participer à la rédemption du monde qui n'est autre que la vie donnée en surabondance, voilà un des rôles essentiels de l'accueil.

Un autre rôle, n'est-ce pas le passage du Seigneur dans une vie ? Dans un monde si obscur, le prêtre est un reflet de lumière qui est un avant-goût du moment où tout sera lumière. Les gens qui viennent nous voir portent des fardeaux bien lourds ; ils veulent, à travers ces rencontres, s'en décharger : ils prennent du recul, ouvrent leur cœur et laissent surgir le Seigneur qui s'y engouffre ! Ce n'est pas le travail du « psy », mais bien celui du « spi ». Nous sommes dans la gratuité. Le prêtre ne prend pas la place du psychanalyste ; d'ailleurs, il n'est pas formé pour cela. Mais son travail spirituel consiste à pointer l'œuvre de la grâce dans la vie de celui qui demande un conseil. L'aveuglement spirituel n'est pas rare ; Dieu était là et je ne le savais pas ! Le prêtre doit demander le charisme de lire dans les cœurs ; en effet, il n'est pas facile de dire sa blessure, et nous sommes là pour la panser.

Cet accueil fait partie de la vie du recteur. Et s'il lui arrive de prendre des permanences, ça ne se réduit pas à cela… Mon bureau est un lieu, le salon en est un autre, le parvis un troisième, la salle du chapitre, la sacristie, parfois à côté du pilier de la Vierge, en sont autant… À l'école du Christ, je devrais être disponible vingt-quatre heures sur vingt-quatre. Mais il y a d'autres missions à réaliser… Cependant, ces rencontres m'émerveillent et nourrissent ma vie de foi. Le plus souvent, ce sont des rencontres furtives, trop rapides, mais qu'importe ! C'est le bon Dieu qui travaille. À la différence d'une paroisse où il y a un suivi, dans un sanctuaire, les fidèles passent ; pour le recteur qui fut curé, c'est un temps de dépossession ; mais il ne faut pas passer à côté d'un regard croisé qui exprime une détresse. Il n'est pas rare de donner une parole d'espérance à une personne écrasée par la douleur causée par le décès d'un être cher. Ne parlant pas sa langue, il ne me reste que le langage du regard et des gestes ; la compassion passe souvent par un tel langage. Le jour de mon ordination, mon évêque a consacré mes mains avec le saint chrême. Désormais, l'Esprit passe à travers ces mains. J'y pense souvent, en bénissant, en imposant les mains. Avec des pèlerins africains, j'aurais pu me prendre pour un prêtre guérisseur... Mais cette proximité est source de joie, celle de la confiance.

L'accueil des pèlerins est aussi un temps fort. Ils viennent du monde entier : Chinois, Américains, Japonais, Australiens, mais aussi Belges, Italiens, Espagnols, et tant d'autres.

Mais pourquoi viennent-ils donc à Notre-Dame ?

Il y a d'abord la beauté du lieu ; entrer dans la cathédrale est magique. Celui qui prend le temps de s'arrêter ne peut être que subjugué. Tristesse que de voir certains touristes tourner comme des chevaux de bois à la vitesse des chevaux de course. L'appareil photo dans les mains, ils filment ce qu'ils ne voient pas, et c'est ainsi qu'à leur retour ils pourront dire : « On a *fait* Notre-Dame ! » Ils n'ont pourtant rien vu !

Heureusement, nombreux sont ceux qui prennent le temps de s'asseoir. Et on ne peut pas tout voir ; il faut y revenir pour découvrir ces œuvres d'art. Je me souviens, après avoir fait éclairer les chapelles, qu'une personne habituée du lieu m'a dit : « Monsieur le recteur, vous avez bien fait de demander au Louvre ces tableaux. » Ils étaient là depuis bien longtemps, mais on ne les voyait pas...

Je suis convaincu que le beau a une place fondamentale pour dire Dieu. L'art est la transfiguration du réel, sa relation à l'absolu. On peint la forme extérieure des choses, mais le génie est de dire le mystère ou la force qui habitent cette forme.

Seuls les génies sont censés connaître la profonde amertume de la distance entre le feu de leur esprit, la force de la contemplation et l'objet réalisé. Mais le théologien souffre aussi de cette distance : nous n'enfermerons pas Dieu dans nos ouvrages de spiritualité, et j'allais dire : Dieu merci ! Si nous savions tout de Dieu, nous n'aurions pas le désir de Le voir !

Les artistes ne vivent que pour l'atteinte transfigurante de la matière. L'art chrétien rejoint le vrai génie, cherchant à représenter le « visible de l'Invisible ». André Malraux rappelait que « le seul domaine où le divin soit visible est l'art, quelque nom qu'on lui donne ». Le rôle de l'art est donc essentiel, car il est par essence ce qui demeure et conduit au toucher éternel. J'aime rappeler ce mot d'Henri Matisse : « Si je crois en Dieu ? Oui, quand je travaille. Si je suis soumis et modeste, je me sens comme aidé par Quelqu'un qui me fait faire des choses bien au-dessus de moi. »

Si par malheur l'art chrétien était en crise, ce serait le signe de la destruction de l'éternité en l'homme, et combien ce qui le tend vers son éternité serait bien malade.

L'artiste se dépossède lui-même pour replacer son œuvre dans le temps éternel et dans son propre achèvement de gloire en Dieu. L'art chrétien est chargé de la présence de Dieu.

Maurice Zundel rappelle que « les œuvres d'art sont multiples, la beauté est une ; chacune en exprime un aspect, aucune ne l'épuise ; toutes baignent dans un mystère et participent à son éternité ; toutes sont belles, aucune n'est la beauté ».

Il faut naturellement différencier la beauté esthétique de la beauté en termes bibliques.

À travers telle œuvre d'art, chacun aura une réponse différente, car toute idée sur la beauté est subjective, liée à l'amour et à ses blessures, liée à la recherche d'un manque. L'émotion esthétique fait partie des joies de l'âme. Je ne me lasse pas de regarder la Vierge du Pilier du XIV^e siècle.

Mais faut-il en rester à l'esthétique ? Il faut la dépasser pour y découvrir la maternité si tendre de Marie.

Dieu dit à Moïse : « Je ferai passer toute ma beauté devant toi » (Ex 33, 19).

Ce mot beauté recouvre à la fois, la splendeur, la tendresse, la gloire. Il y a là une clef : la beauté divine est correspondance d'être, relation d'amour ; la beauté préfigure la mission de Salut confiée au Christ par son Père. Nous découvrons à travers la cathédrale combien la beauté s'inscrit dans l'histoire du Salut. Le beau ne peut pas être une recherche individualiste ; il a pour vocation de rappeler à l'homme son harmonie avec Dieu, une harmonie ordonnée par l'amour. Le beau est ce qu'il y a de bon et de vrai. Ainsi la mission de l'artiste n'est-elle pas de révéler la beauté, car seulement, alors, la vérité peut s'imposer, l'innocence régner. L'homme devant cette beauté sera pris dans un mouvement où le regard ne s'arrête jamais, il sera ramené à cette correspondance entre le ciel et la terre, rappelé à sa propre signification d'être, pris dans une relation d'amour révélée par la beauté.

La chance du recteur est de pouvoir « s'arrêter » devant tel tableau, telle statue ; j'aime monter à la tribune pour contempler cet espace sacré qui me renvoie à l'harmonie divine, à notre participation à cette harmonie. La cathédrale vide est un appel à nous dépasser. On pourrait craindre de se laisser enfermer, mais non, car non seulement j'ai le passe général, mais j'aime bien que le gardien ne soit pas trop loin… D'ailleurs, le soir, quelques petites souris traversent la nef, comme pour reprendre leur territoire ! Et j'ose avouer que j'ai peur de ces petites bêtes, comme d'ailleurs des rats qui, à la tombée de la nuit, sortent sur le parvis pour terminer les sandwichs jetés au milieu des buissons… C'est ainsi que, pour sortir prendre ma voiture, je cours à grandes enjambées…

Si les pèlerins viennent à la cathédrale, c'est pour rencontrer Marie, Mère de la Miséricorde. C'est une grâce de contempler celle qui nous révèle le vrai visage de notre Dieu, celui de la tendresse.

Que d'*Ave Maria* prononcés souvent dans les larmes ; c'est la prière du pauvre quand il n'arrive plus à trouver les mots pour crier sa misère et sa fragilité ! Ce « Je vous salue Marie » nous rappelle tout le mystère d'amour entre Dieu et l'homme ; ce sont deux visages qui se rencontrent : Dieu et l'homme ; deux visages capables de se connaître, de se regarder. Chaque fois que je rencontre quelqu'un, je le salue en l'appelant par son prénom : « Je vous salue Marie », et je lui redis son nom propre : « pleine de grâces ». C'est là la source de sa beauté, car la grâce épanouit.

Mais l'Immaculée nous rappelle que la grâce est plus originelle que le péché. Quelle espérance pour les pécheurs que nous sommes !

Puis nous redisons ce que Marie est pour Dieu : « Le Seigneur est avec vous » ; elle est bénie de Dieu ; elle vit sans cesse en présence de Dieu ; alors nous nous souvenons de Celui qu'elle aime et de Celui qui nous aime : « Jésus, le fruit de vos entrailles, est béni. » Marie veut nous conduire à la source, à son Fils, le Rédempteur de l'homme, l'unique Sauveur. Marie n'a jamais fait obstacle à son Fils ; bien au contraire ! Elle nous introduit dans la demeure du Père et du Fils.

Et alors c'est l'audace de notre demande : « Priez pour nous, pauvres pécheurs. » Elle, la bénie de Dieu ; elle, la source toute pure, l'Immaculée, nous nous présentons à elle avec nos pauvretés, nos faiblesses, nos tendances difficiles à gérer ; mais nous ne faisons que lui parler de ceux pour qui elle a de l'inquiétude, celle de toute mère. En achevant cet *Ave*, nous pouvons lui demander que pour nous aussi, à cause de notre parenté, le Christ devienne ce qu'il fut pour elle, une personne vivante, préférée à tout,

« maintenant et à l'heure de notre mort ». Comment ne pas citer Georges Bernanos dans le *Journal d'un curé de campagne* : « Oui, mon petit, pour la bien prier, il faut sentir sur soi ce regard qui n'est pas tout à fait celui de l'indulgence [...] mais de la tendre compassion, de la surprise douloureuse, d'on ne sait quel sentiment encore, inconcevable, inexprimable, qui la fait plus jeune que le péché, plus jeune que la race dont elle est issue, et bien que Mère par la grâce, Mère des grâces, la cadette du genre humain » ?

Si Marie attire tant de pèlerins et de fidèles, c'est parce qu'elle a porté la miséricorde ; elle rayonne tout le charme de la miséricorde divine et montre l'éclat et la beauté qui transforme tout, beauté que la miséricorde divine fait descendre sur le monde.

De la Vierge du Pilier, nous pouvons tourner nos regards vers la Pietà qui se trouve au fond du chœur. C'est l'œuvre de Nicolas Coustou, achevée en 1723, qui attire : il a représenté Marie au pied de la Croix, éplorée devant le cadavre de son Fils, exprimant la douleur d'une mère et sa parfaite soumission à la volonté de Dieu. Nous sommes au Golgotha, sommet de la miséricorde. Toute la tradition de l'Église situe l'intercession de la Vierge au pied de la Croix, lorsque le Christ lui confie saint Jean, qui représente chacun de nous. Jésus, en disant à sa Mère : « Voici ton Fils », lui demande cette ultime dépossession ; elle aurait voulu être toute donnée à son Fils souffrant et mourant sur la Croix, et voilà que son Fils lui demande de s'occuper de Jean et, avec lui, de tous les disciples. C'est bien là qu'il faut situer la participation de Marie au mystère de la miséricorde.

Ne pensons pas que Marie ait pris la place de son Fils ; elle n'est pas indépendante de Jésus. Tout ce que nous admirons en elle, elle le tient de son Fils. Elle n'est pas médiatrice entre le Père et le Fils ; elle est médiatrice entre le Christ et nous. C'est dire qu'elle conduit à la source de la miséricorde. Elle est proche de chaque pécheur ; c'est notre péché qui nous empêche cette proximité. Marie reconnaît chaque être humain comme un frère, quoi qu'il ait fait, même s'il est au fond du trou, accablé par son péché. Elle nous regarde comme des êtres infiniment dignes d'être aimés ; c'est pourquoi j'aime son visage de tendresse. Je relis souvent, assis devant la Vierge, cette méditation de Dominique Ponnau, un fidèle renommé de notre cathédrale : « Notre-Dame du Seuil est celle qu'humblement ici l'on vient prier. [...] Il suffit de la regarder. De lui confier ce que l'on désire. De s'en remettre à elle de ce qu'il est bon de lui confier. [...] Peut-être alors, devant sa grave beauté et celle de son Fils, chacun commencera-t-il, ou recommencera-t-il sa traversée de la Dame du seuil à la Dame du port, du port ultime, dont la lumière éternelle déchirera la nuit. »

Marie accueille avec respect tout être, avec son histoire et sa liberté. Elle porte chaque personne dans son espérance ; elle ne l'enferme pas dans des idées préconçues. Mais alors, quel est le secret de Notre-Dame de Paris ? Elle voit chaque être qui entre « chez elle » comme une créature aimée de Dieu et appelée à la liberté. Son bonheur est de nous aimer comme nous sommes. Elle aime la beauté de nos cœurs, même s'il y a des zones d'ombre. Sa miséricorde est de l'ordre de l'accompagnement discret mais efficace jusqu'à l'heure de notre mort. Marie porte sur son visage le reflet de la miséricorde, c'est pourquoi elle est la plus belle de toutes les femmes.

Que demande-t-on à Notre-Dame de Paris ? Je reçois de très nombreuses intentions grâce à la télévision catholique KTO qui nous suit chaque soir pour l'office des vêpres. Toutes ces intentions nourrissent ma prière d'intercession : des demandes de guérison, la souffrance de la solitude pour bon nombre de personnes âgées, seules, abandonnées. Comment ne pas être bouleversé par le témoignage d'une personne âgée qui rendait grâce du fait que Jésus ait créé son chien qui, lorsqu'elle pleure, vient lécher ses larmes ? À travers cette lettre, que de détresses !

Avant même de crier sa détresse, Marie, parce qu'elle sait lire dans les cœurs, nous rejoint et nous console.

Un jour, un jeune m'arrête dans la cathédrale et me dit : « Père, je n'ai plus la foi... et pourtant, je suis là, comme attiré ; je ne voulais pas entrer, mais une force m'y a poussé. » J'étais à côté de la Vierge du Pilier ; alors je lui ai montré le visage de tendresse et je lui ai dit : « Voilà la coupable ! » Ce jeune s'est mis à pleurer ; le Fils a fait le reste pour lui sécher ses larmes.

En effet, Marie conduit à son Fils. De nombreux pèlerins ont du mal à rencontrer le Fils ; c'est Marie qui les aide car elle sait que son Fils les rejoint dans leurs blessures pour les guérir. Et comment les guérit-il ? En révélant le visage de tendresse de son Père.

À Lourdes, comme à Notre-Dame, nous demandons la guérison des cœurs, la grâce d'accepter nos histoires de péché, la grâce de nous accepter avec nos limites, la grâce de l'ouverture de nos cœurs pour que le Fils puisse panser les plaies.

Nous sommes encore trop marqués par le jansénisme. Attention à ne pas devenir des psychorigides ! La justice divine consiste à donner à chacun ce qui lui est dû. Dieu donne à chacun ce qui lui revient ; nous l'appelons la justice distributive : la distribution de récompenses si nous avons fait le bien, et la distribution de châtiments si nous avons fait le mal.

Si nous en restons là, c'est la peur de Dieu qui nous fait progresser. On oublie que cette justice distributive et la justice salvifique, celle qui nous sauve, ne sont pas opposées.

Bien au contraire, elles sont liées. Dieu décide de ne pas s'en tenir avec l'homme à la stricte justice, mais de le sauver gratuitement et miséricordieusement. La stricte justice n'est pas le dernier mot de Dieu.

Au-delà de la stricte justice, Dieu est amour et miséricorde.

L'amour, tout en dépassant la justice, ne l'élimine pas, mais l'inclut. En Dieu, justice et miséricorde sont liées. Dieu est juste en étant fidèle à ce qu'il est, c'est-à-dire amour miséricordieux.

Nous avons trop souvent parlé de la justice punitive de Dieu ; avouons que la formule n'était pas très heureuse. Il n'y a en Dieu aucune vengeance, ou alors Dieu n'est pas Amour. Dieu ne répond au mal et au péché que par l'amour. Comme la « petite Thérèse », je médite souvent les paroles du Christ à Nicodème : « Celui qui croit en moi échappe au jugement. » Si je refuse de croire, je me mets en situation d'être jugé. En revanche, par la foi et l'amour, le disciple est déjà passé de la mort à la vie. Alors, « de quoi donc aurais-je peur ? », dit Thérèse de Lisieux, qui achèvera sa dernière lettre par : « Il n'est qu'amour et miséricorde. »

Des fidèles défendent les droits de la justice divine, ainsi que l'idée de s'offrir à la justice divine. Dans ma prédication, je propose de s'offrir à l'amour miséricordieux ; la justice divine est sans doute plus sécurisante ; s'offrir chaque jour à l'amour est une aventure spirituelle, mais c'est là le vrai Dieu. Marie notre Mère nous encourage à aller à cette source. Il m'arrive de rencontrer des fidèles qui ont une frayeur extrême du jugement de Dieu. Alors je reprends la « petite Thérèse » qui m'accompagne souvent – tout comme le pape François : « Il n'y a qu'un moyen pour forcer Dieu à ne pas nous juger du tout, c'est de se présenter devant Lui les mains vides. Ne gardez ni vos bonnes actions ni les mauvaises ; donnez-les immédiatement au Seigneur. »

À la cathédrale, grâce à la tendresse de Notre-Dame, nous nous offrons à l'amour car « il n'y aura pas de jugement, mais Dieu se hâtera de récompenser son propre amour qu'il verra dans nos cœurs… On est consumé par l'amour qu'autant qu'on se livre à l'amour ».

Ce ne sont pas des paroles pieuses, c'est l'Évangile : « Celui qui croit en lui échappe au jugement. » La foi, la confiance, l'abandon ne me dispensent pas d'être bon, mais ils me font pressentir la tendresse de Dieu, parce que je suis déjà investi de cette tendresse.

Voilà le programme pastoral qui s'appuie sur la liturgie et qui veut souligner l'amour miséricordieux grâce à la présence de Marie, la Vierge de tendresse. Lorsque nous fixons nos yeux sur son visage, son sourire apparaît ; il faut du temps, mais c'est là une belle expérience.

# Notre-Dame, écrin de la Sainte Couronne d'épines

Je suis sûr que de nombreux Français ignorent que la Sainte Couronne d'épines se trouve à Notre-Dame ; et pourtant, après le saint suaire de Turin, c'est la relique la plus importante de la chrétienté.

Commençons par un peu d'histoire, sans trop entrer dans les détails.

C'est Paulin de Nole qui, en 409, mentionne dans ses écrits la Couronne d'épines parmi les reliques de la basilique du mont Sion à Jérusalem. Pourquoi faut-il attendre près de quatre siècles pour entendre parler de cette relique ? Tout simplement parce que, dans les premiers siècles, les chrétiens conservaient les reliques, mais ne les faisaient pas vénérer.

Par crainte des invasions barbares, celles des Perses, la Couronne est transférée à Constantinople peu avant 614.

Dès les XI^e^ et XII^e^ siècles, de nombreux pèlerins occidentaux et orientaux venaient vénérer cette précieuse relique.

En 1204, lors de la quatrième croisade, la ville de Constantinople est mise à sac, mais la chapelle palatine du Phare, que les croisés appellent « Sainte Chapelle », est épargnée en raison de la présence de saintes reliques. Les empereurs latins élus à la tête de l'Empire byzantin sont confrontés à des problèmes financiers et vendent les reliques.

En 1238, Baudoin II de Courtenay se sépare de la Couronne et supplie Louis IX de la racheter. Le roi de France décide de l'acquérir – ce qui représente à l'époque la moitié du budget annuel du royaume !

La Couronne arrive le 10 août 1239 à Villeneuve-l'Archevêque où elle est accueillie par le saint roi en personne. Et c'est lui-même qui l'achemine en la cathédrale Notre-Dame. Saint Louis, pieds nus en signe d'humilité, la confie le temps d'une célébration solennelle ; puis elle part à la chapelle royale du palais de la Cité, transférée à Saint-Denis, en attendant la construction et la consécration de la Sainte-Chapelle en 1248. Le roi Louis XVI, en mars 1791, déplace la Couronne pour la remettre à Saint-Denis. Mais, deux ans plus tard, en pleine Terreur, le trésor de Saint-Denis est confié à la Convention, et la Couronne est mise en dépôt au Cabinet des médailles de la Bibliothèque nationale. Miracle ? Sûrement, car il aurait fallu peu de chose pour que la Couronne soit jetée, voire brûlée !

Le 28 octobre 1804, les précieuses reliques sont confiées au chapitre de la cathédrale. En 1923, le cardinal Dubois confiera aux chevaliers du Saint-Sépulcre la garde d'honneur de la Couronne d'épines.

Souvent, les fidèles me demandent : « Est-ce la vraie ? » Je réponds que, dans le monde, aucune cathédrale, aucun sanctuaire ne revendique le fait d'avoir une telle relique. Seule Notre-Dame a cette grâce ; d'autre part, à chaque vénération, je suis frappé par son rayonnement spirituel. La Couronne touche les cœurs et les fidèles ; les touristes présents lors des vénérations ne comprennent pas toujours ce qui se passe, mais ils sont tellement saisis qu'un grand silence règne dans la cathédrale, comme dans les cœurs.

Le pape Benoît XVI, lors de son voyage apostolique à Paris en septembre 2008, est venu vénérer la Couronne.

Les grands de ce monde demandent souvent une vénération en privé, notamment les fidèles orthodoxes. Pour eux, la Couronne est une icône qui répand une énergie divine, celle du Salut.

Je sais bien que Moscou aimerait avoir la Couronne pendant trois jours… mais elle ne peut sortir de Notre-Dame. Il y a certes quelques exceptions, comme une procession jusqu'à la Sainte-Chapelle à l'occasion du huit cent cinquantième anniversaire de la cathédrale, mais elle ne peut pas quitter le territoire… Alors ce sont les dignitaires russes qui font le pèlerinage. Généralement, je les reçois après la fermeture, vers 19 h 15. Un chœur de séminaristes orthodoxes chante les litanies ; auparavant, je suis au porche Saint-Étienne pour accueillir les ministres, les ambassadeurs, et même les premières dames !

Nous allons vers la chapelle où se trouve la relique, et le chœur se met à chanter. Nous lisons un passage de l'Écriture qui évoque ce que nous allons vivre spirituellement : « Les soldats du gouverneur prirent avec eux Jésus dans le prétoire et ameutèrent sur lui toute la cohorte. L'ayant dévêtu, ils lui mirent une chlamyde écarlate, puis, ayant tressé une couronne avec des épines, ils la placèrent sur sa tête, avec un roseau dans sa main droite ». Cette dérision est prophétique ; elle annonce que le Christ est bien le roi de l'univers, mais pas à la façon des rois temporels.

Nous ouvrons alors le coffre pour sortir et installer la Couronne sur le coussin. Et c'est le silence ; les yeux fermés, nous sommes à Jérusalem ; les représentations du Christ couronné défilent sous nos yeux ; le Salut est réel. Tout cela explique l'émotion et les larmes des fidèles bouleversés et révèle que la rencontre avec le Serviteur souffrant vient de se réaliser.

Vénérer la Couronne, comme prier devant un crucifix, nous renvoie à notre histoire de péchés. J'aime raconter cette parabole que vous ne trouverez pas dans l'Évangile :

Un Martien arrive sur Terre et visite des églises. Il est surpris de voir des croix et interroge deux chrétiens en prière : « Pourquoi une telle croix ? » Le premier répond : « Oh ! C'est une vieille histoire ; il y a plus de deux mille ans, Jésus a été crucifié, car il se disait Fils de Dieu et Dieu lui-même ; il est arrivé trop tôt, car, s'il s'était incarné aujourd'hui, il n'y aurait pas eu de Calvaire ! » Mais le second d'ajouter : « Pas du tout, si le Christ venait aujourd'hui, il y aurait de nouveau la Croix. » Alors le Martien de conclure : « Mais vous êtes des monstres ! » Eh oui, nous sommes des monstres, et c'est bien pourquoi le Christ est venu dans le monde ! De monstres, il peut faire de nous des saints, et la Couronne d'épines est là pour nous le rappeler.

Face à tant d'amour, comment ne pas être bouleversé par notre manque d'amour ? Il me souvient d'un ministre étranger à genoux, en pleurs, qui a vénéré plusieurs fois la relique. Il était au pied de la croix et ne voulait plus quitter la chapelle où se trouvent les saintes reliques de la Passion. Je dois vous dire que je suis toujours bouleversé de porter la Couronne et de voir petits et grands se mettre à genoux, toucher, embrasser ce qui nous a sauvés. La vénération est une action de grâces.

Parmi les grands de ce monde, il y a eu Barack Obama, Dmitri Medvedev, Melania Trump, et je sais que Vladimir Poutine porte en lui ce désir de se mettre à genoux devant le Christ, le Rédempteur de l'homme.

Chaque premier vendredi du mois, à 15 heures, et tous les vendredis de carême, sans oublier le vendredi saint où la Couronne est vénérée toute la journée, une grande assemblée vit une « heure sainte » qui dure souvent… deux heures, car les fidèles sont de plus en plus nombreux. Pendant des années, nous avons négligé dans notre pastorale la piété populaire ; quelle erreur !

Qu'entendre par piété ? Désignant la vertu des devoirs de religion, puis son influence sur l'ensemble de la vie des chrétiens, le mot « piété » a glissé peu à peu vers un sens plus général, jusqu'à désigner non plus une qualité de sujet priant, mais le champ même où peut jouer cette disposition. Aujourd'hui, les expressions comme « exercices de piété », « sentiments de piété » sont quelquefois dévalorisées. La piété populaire devient alors une piété de second rang ! Je vois bien les limites d'une telle piété qu'il faut ré-évangéliser. Elle peut tourner à la superstition, à une forme de paganisme.

Ce sont les pasteurs, notamment ceux qui sont dans les sanctuaires, qui doivent accompagner les fidèles. La piété, loin d'être une qualité secondaire ou accessoire, encore moins une évasion, est une note essentielle au christianisme : dans le Christ, l'homme est appelé à offrir, en Église, le culte spirituel, hommage filial à Dieu de « tout ce qui est bien, ce qui lui est agréable, ce qui est parfait » (Rm 12, 1).

Je médite souvent ce passage de saint Jean : « Ce qui était depuis le commencement, ce que nous avons entendu, ce que nous avons vu de nos yeux, ce que nous avons contemplé et que nos mains ont touché du Verbe de Vie, nous vous l'annonçons » (I Jn 1, 1).

Là, les fidèles entendent la Parole de Dieu, ils voient et ils touchent. Certains apportent des photos de leurs enfants, des photos de malades pour demander des guérisons. Que de témoignages de foi ! Oui, ces petits nous apprennent beaucoup ; tout est simple et lumineux. Après avoir vénéré, après avoir essuyé leurs larmes, les visages rayonnent, comme touchés par la grâce du Salut. En préparant les méditations pour l'heure sainte, je pense à tous ces regards, parfois souffrants, et qui deviennent paisibles, comme en écho au psaume 79 : « Que ton visage s'éclaire et nous serons sauvés. » Les chanoines présents pourraient en témoigner.

De temps en temps, j'accueille des médias qui souhaitent faire un reportage ou un documentaire sur les reliques. Je n'imaginais pas en arrivant à Notre-Dame que j'allais être si sollicité par les télévisions et les radios. Heureusement, il y a quelques années, en 2004, j'avais suivi des cours de « média training » à l'occasion de « Paris-Toussaint-2004 », un grand temps d'évangélisation organisé par le cardinal Lustiger. Nous connaissons les dangers, le mauvais narcissisme possible, mais nous savons aussi l'importance de notre présence dans les médias. Il nous suffit de deux bonnes raisons pour accepter un reportage : le rayonnement de la cathédrale et la mobilisation corollaire des foules pour le mécénat. Si c'est pour notre gloire personnelle, cela ne portera pas de fruits. Attention aux curés superstars qui risquent de perdre leur âme. Il ne s'agit pas de vivre caché, mais de bien vérifier que nous ne faisons que notre devoir. Les médias peuvent devenir une drogue ! L'attrait de la caméra – qu'il ne faut d'ailleurs jamais regarder ! Le micro – qu'il faut maîtriser, face auquel il faut apprendre à tourner sept fois sa langue avant de parler, même si le média training nous conseille d'être le premier à parler et de dire trois fois ce que nous avons à dire.

Revenons à la Couronne ; ce dont je suis sûr, c'est que les techniciens, les cameramen, les preneurs de son, les producteurs sont étonnés de la ferveur des personnes présentes.

Je ne dois pas oublier que Marie est la Maîtresse de maison ; ainsi, puisque le pape François a demandé que chaque lundi de Pentecôte soit célébrée « Marie, Mère de l'Église », j'ai organisé, avec l'équipe des chapelains, une procession mariale sur le parvis, comme nous le faisons le 14 août au soir et le 15 août après-midi. La statue en argent offerte par Charles X, le 15 août 1826, qui se trouve dans la salle du Trésor, est portée par les chevaliers du Saint-Sépulcre, suivie d'une foule qui chante les *Ave Maria* alternés par des dizaines de chapelets. Belle expression de cette piété populaire où l'on prie non seulement avec son cœur, mais aussi avec ses pieds !

L'archevêque présidait la messe du soir après le chant des vêpres. Pensant célébrer devant une petite assemblée, quelle fut sa joie de découvrir sa cathédrale pleine ! Son homélie simple a touché les cœurs ; il a rappelé aux fidèles que, au moment de la mort, on rédige son testament. Jésus nous a couchés sur son testament ; que nous a-t-il donné ? Sa maman ! Belle intelligence du cœur ! J'ai vu des fidèles pleurer, exprimant à la fois des souffrances et un abandon à celle qui, parce que mère, s'occupe avec tendresse de chacun d'entre nous.

Désormais, le samedi, le chapelet est récité devant la Vierge du Pilier et chaque fête mariale est célébrée avec solennité, notamment le 8 décembre, fête de l'Immaculée Conception qui réunit les chanoines et les séminaristes ; quant à la fête de la Présentation, le 2 février, elle réunit les chanoines et les consacrés.

Les fêtes rythment la vie de Notre-Dame. Je l'ai déjà dit, j'aime prier au pied de la Vierge du Pilier qui donne des signes. Un jour, j'ai accueilli un groupe de lycéens hollandais qui avaient souhaité être accompagnés pour un temps de prière auprès de Marie ; ils voulaient prier pour un de leurs professeurs qui s'était suicidé et avaient apporté sa photo, que l'on a installée devant Marie. J'animai un temps de prière, puis, à la fin, je leur demandai s'ils avaient une prière à dire. L'un d'eux me dit qu'ils avaient trouvé une prière dans les affaires de leur professeur : c'était cette si belle prière de Claudel : « Il est midi ». Ils ne savaient pas qui l'avait écrite ni qui était Paul Claudel. Quelle émotion sur leurs visages, quand ils ont découvert que l'auteur s'était converti là où ils se trouvaient ! Voilà un clin d'œil de Marie à tous ces jeunes qui ne sont pas près de l'oublier.

Ils étaient arrivés avec ce fardeau dans leur cœur ; ils sont repartis le cœur plus léger, sûrs que leur professeur trop tôt disparu était avec eux, en communion, à Notre-Dame. Beau signe d'espérance et de conversion.

Le samedi de Pentecôte, il y a le traditionnel pèlerinage de Notre-Dame de Chrétienté ; six mille jeunes marchent vers Chartres et commencent par une messe priante à Notre-Dame. En 2018, ils avaient obtenu la relique de Padre Pio, ce saint capucin mort en 1968 à San Giovanni Rotondo.

Ce prêtre stigmatisé était un missionnaire de la miséricorde. Persécuté par l'Église qui ne croyait pas en ces phénomènes surnaturels, il est toujours resté obéissant. Un jour, tandis qu'il confessait des jeunes frères de son couvent, le padre manifeste des symptômes faisant référence à la transverbération : son cœur fut transpercé par un dard spirituel avec des saignements au thorax.

Son corps est vénéré à San Giovanni Rotondo, et il a été canonisé par saint Jean-Paul II en 2002.

Après le départ du pèlerinage, nous avons gardé tout au long de la journée le cœur de saint Padre Pio, conservé dans un très beau reliquaire, œuvre de Goudji. Que de fidèles sont venus pour confier leurs intentions : des familles, des enfants handicapés, des malades, des jeunes et moins jeunes, des petits et des grands !

Pendant la vénération, je tenais le cœur du padre sur mon cœur. Que lui ai-je demandé ? D'avoir son cœur rayonnant de pasteur. En revanche, je lui ai dit que je ne souhaitais pas trop de stigmates !... Bref être un « Padre, selon le cœur du Christ ». Je n'oublierai pas cette proximité avec le cœur du saint Pio.

Parmi les grands pèlerinages, il y a la marche des « Pères de famille » qui se termine à Notre-Dame par une messe présidée par un évêque et qui s'achève par l'ostension de la Couronne d'épines. Deux mille pères qui réfléchissent sur leur vocation de père, qui chantent la gloire de Dieu ! Heureusement, les vitraux tiennent bon ! Car les voix d'homme portent, et l'orgue les entraîne ! Ce sont des moments précieux pour le recteur.

## La conversion de Paul Claudel vue par lui-même

Paul Claudel, je devrais dire M. le chanoine Paul Claudel, a une place de choix à Notre-Dame puisque c'est le lieu de sa conversion. Une dalle gravée au pied de la Vierge du Pilier fait mémoire de cet événement spirituel.

Arrêtons-nous sur sa conversion. Auparavant, rappelons que Paul Claudel est né le 6 août 1868 dans un village de l'Aisne. Après des études secondaires à Paris, au lycée Louis-le-Grand, il entre à l'École des sciences politiques où l'on découvre ses talents qu'il mettra au service d'une carrière diplomatique.

Entre-temps, lors des vêpres de Noël 1886, à l'âge de dix-huit ans, il a vécu ce qu'il a appelé lui-même sa « conversion ».

Pendant plus de quarante ans, il fut diplomate à New York, à Boston, en Chine, à Prague, Francfort, Hambourg, Rio de Janeiro, Copenhague, Tokyo, Washington, et enfin à Bruxelles.

Membre de l'Académie française, ce diplomate a été reconnu comme l'un des plus grands écrivains du XXe siècle ; son œuvre dramatique et poétique présente des sommets, entre autres *L'Annonce faite à Marie*, *Le Soulier de satin*, *Partage de midi*, et les cinq grandes *Odes*, chef-d'œuvre lyrique ; sans oublier son journal et sa correspondance, qui révèlent sa personnalité.

Il est mort à Paris, le 23 février 1955.

Revenons alors sur sa conversion à partir d'un texte daté de 1942 écrit à Brangues, donc plus de cinquante ans après, ce qui permet au converti de prendre du recul tout en rendant grâce.

« C'est tout de même vous, Madame, qui avez eu l'initiative. » C'est ainsi que commence Claudel, s'adressant à la Vierge Marie.

À la fois une audace merveilleuse qui rappelle l'Évangile : « Femme, que me veux-tu ? » Le Christ aime sa Mère et, dans cette expression, il ne la dévalorise pas, bien au contraire. Marie est la nouvelle Ève qui par son oui a participé de manière exceptionnelle à l'œuvre du Salut.

Et Paul Claudel a raison de dire que c'est bien Marie qui a eu l'initiative. Comme recteur de cette cathédrale, et avec les chapelains et confesseurs, nous pouvons témoigner que, aujourd'hui encore, Marie, comme je l'ai rappelé plus haut, attire les fidèles qui sont sur le parvis et qui n'osent pas entrer, comme elle appelle ces milliers de touristes qui passent devant elle et qu'elle regarde avec tendresse et affection. Elle est la Maîtresse de maison. Sa cathédrale est sa maison, et elle veut nous conduire à son Fils bien-aimé.

C'était au cours des vêpres de Noël, dans cette foule innombrable, que Claudel se trouva collé au pilier tout près de la Vierge. La description qu'il fait de la liturgie montre bien qu'il est encore novice et qu'il ne fait que regarder. Écoutez-le : « [Et le] chœur au milieu illuminé or et lin et le grand tapis avec cette disposition d'officiants or et linge jusqu'à l'autel,

« La cérémonie par rapport à moi latérale et l'allumage de ce peuple blanc qui chante et qui accomplit quelque chose dans le temps réel. »

Le poète est à l'extérieur de la liturgie. Il raconte ce qu'il voit et ce qu'il entend. Il est d'abord frappé par la beauté ; que de fidèles aujourd'hui encore viennent dans ce lieu pour la beauté de la liturgie dans ce cadre merveilleux, témoin de la foi de ces bâtisseurs de cathédrale. La maîtrise, les prêtres, les servants d'autel, tous sont transfigurés par la présence du Seigneur.

À la fois cette liturgie se déroule dans le temps, mais elle transporte vers la source, vers la liturgie céleste.

Les chants des psaumes qui épousent les voûtes de la cathédrale, le grand orgue qui médite à partir des mélodies qui viennent d'être interprétées par le chœur, les volutes d'encens, tout concourt à regarder vers le ciel.

« Notre-Dame, la Femme-église, à grands cris, pleine de Dieu, érigeant son propre Magnificat ! »

Dès que nous entonnons le Magnificat sur le ton royal, le célébrant encense la croix, l'autel et la Vierge du Pilier ; c'est le peuple saint qui reprend, avec Marie, le Magnificat.

Dans ses cinq grandes odes, Claudel, le converti, chante avec l'assemblée le Magnificat : « Et me voici comme un prêtre couvert de l'ample manteau d'or qui se tient debout devant l'autel embrasé et l'on ne peut voir que son visage et ses mains qui ont la couleur de l'homme.

« Et il regarde face à face avec tranquillité, dans la force et dans la plénitude de son cœur, son Dieu dans la monstrance, sachant parfaitement que vous êtes là sous les accidents de l'azyme. Et tout à l'heure il va vous prendre entre ses bras, comme Marie vous prit entre ses bras.

« Et mêlé à ce groupe au chœur qui officie dans le soleil et dans la fumée, vous montrer à l'obscure génération qui arrive, la lumière pour la révélation des nations et le salut de votre peuple Israël, selon que vous l'avez juré une seule fois à David, vous étant souvenu de votre miséricorde, et selon la parole que vous avez donnée à vos pères, à

Abraham et à sa semence dans tous les siècles, ainsi soit-il ! »

Le poète nous fait entrer dans ce temps d'adoration où il est offrande au Père grâce à l'acte eucharistique du Christ ; c'est pourquoi il se voit comme un prêtre ! Belle façon d'exprimer son sacerdoce baptismal !

Revenons à ce texte sur sa conversion : « Et alors moi, ce misérable enfant ! – oui, moi-même, je dis ! – qu'est-ce que j'ai fait pour que je sois ainsi emporté ?

« Et ce réservoir de puissantes larmes qui se rompt, d'où vient-il ? Ce cri sauvage et ce cœur tout à coup qui ne tient plus à mes souliers ? »

Comme en écho aux *Confessions* de saint Augustin, Claudel touche à la gratuité de la grâce ! Pourquoi lui et pas son voisin, tout aussi près de Marie couronnée ? Il a eu la réponse le jour de sa naissance au Ciel ! Mais même si le Seigneur a l'initiative, le cœur de l'homme est en recherche ; le désir de Dieu prépare l'appel. Nous sommes en présence d'une conversion foudroyante du cœur, les larmes sont le signe que le chercheur de Dieu a désarmé, les pieds demeurent sur terre, mais le cœur est ailleurs.

« Tout ce dont j'étais sûr, c'est fini ! Et c'en est fini de tout ce qu'on m'a appris au lycée ! »

Toutes les certitudes tombent, comme toutes les idéologies et les projets. La vie ne lui appartient plus ; le Seigneur s'est emparé de lui ! Paul Claudel a appris des vérités, mais à Notre-Dame, il découvre Celui qui est la Vérité. Celui qui est touché ainsi par la grâce n'a rien à faire contre le débordement sauvage et l'espérance ! Le converti change de point d'appui ; l'espoir par la grâce est devenu espérance. Non seulement Claudel est dans la cathédrale, mais ses yeux sont orientés vers le Royaume. Je dis souvent aux visiteurs que l'architecture attire notre regard vers les voûtes et bien au-delà. L'horizon prend une autre dimension – céleste. Le visible nous permet d'entrer dans l'Invisible ;

c'est là le génie de nos cathédrales. C'est pourquoi j'aime à redire que l'on ne sort pas indemne de ce lieu, ou que le touriste qui entre en ressort pèlerin !

« Rien à faire contre cette éruption comme le monde au fond de nos entrailles de la foi !

« Rien à faire contre cette voix avant que le monde fût qui me dit : Tu es à moi !

« Rien à faire contre l'impétuosité, comme quelqu'un du haut en bas qui se fend, de la bête qui dit : Je crois ! »

Oui, Paul Claudel a raison : il n'y rien à faire ! Il a ouvert son cœur et Dieu s'y est engouffré. L'appel est radical : Tu es à moi ! Et la réponse est tout aussi radicale : Je crois.

Claudel est certain que Dieu, à travers la Vierge Marie, est intervenu. Il n'est plus divisé en lui-même ; c'est l'unification dans l'amour et la liberté intérieure retrouvée. L'amour le porte inéluctablement vers Dieu.

Alors, oui, le poète peut écrire : « Tout ce qui est arrivé depuis, Madame, tant pis, c'est vous qui en avez la responsabilité ! »

Après la description de sa conversion, Claudel va en montrer les conséquences. Car il ne suffit pas de se convertir ; il faut que la foi saisisse l'ensemble de l'être et son agir. Je vous rappelle que ce texte est de 1942 ; c'est dire qu'il reprend sa vie sous le regard de Dieu pour comprendre ce qu'il a vécu et les orientations qu'il a prises, sans oublier sa mission d'écrivain catholique.

« Toute cette découverte à tâtons que j'ai essayé de faire d'un bout du monde jusqu'à l'autre à travers un épouvantable désordre et acharnement et malpropreté ! »

Sans doute Paul Claudel évoque-t-il sa carrière diplomatique avec tout ce qu'il y a de grand, mais aussi les compromis, les intérêts, les silences, les peurs, les vérités non dites, la mondanité, dirait le pape François !

C'est à travers ce monde que Claudel cherche les traces de Dieu. Le converti demeure un chercheur de Dieu, avec un zèle fougueux ; la plénitude de la vérité sera dans le face-à-face ; mais toute notre vie spirituelle s'alimente de ces petites lumières, de ces torches divines qui nous rappellent que nous sommes menés par Dieu.

Les découvertes sont multiples : « Cette découverte à tâtons tout seul à travers la gloire et la justice de Dieu ! L'interpellation avec la Mère de ce Père que nous avons dans les Cieux, l'interrogation avec le monde, et avec tout ce qui existe et avec le péché. »

N'est-ce pas notre histoire de péché à chacun d'entre nous ?

N'est-ce pas l'expérience de la rédemption ? Dans un siècle encore marqué par le jansénisme, Claudel associe la gloire et la justice divine. Dieu est juste juge, c'est-à-dire qu'Il ne veut que sauver ; vous ne ferez pas naître de la vengeance dans le cœur de Dieu !

Converti, on demeure malheureusement pécheur, ce qui ne nous empêche pas d'avancer vers la sainteté, malgré ou grâce à notre histoire.

Cette fragilité qui nous habite est source de grâce, car c'est lorsque je suis faible que je deviens fort, pour reprendre saint Paul.

L'interrogation « de ce Quelqu'un quand on Le pousse à fond qui n'est pas embarrassé d'un alibi, Et c'est le sourire tout à coup pour toute réponse dans nos bras de cet enfant qui nous laisse désarmés et interdits ! ».

Que de comment, que de questions posées au Seigneur face à la souffrance de l'innocent, face au mal, à la violence, à la mort, et trop souvent nous trouvons Dieu bien silencieux ; mais le silence divin s'achève par un sourire qui nous désarme ; le sourire divin qui transparaît sur le visage de Marie est signe de la tendresse de Dieu, de son dessein d'Amour. « Tu ne peux pas comprendre maintenant, mais sois patient ; les réponses, tu les auras au moment fixé. Il y a un temps pour tout. N'oublie pas que je suis aussi un Dieu aux longues patiences avec toi. »

Nous désarmons face au sourire. Il me souvient d'une émission avec Jean Vanier et des journalistes quelque peu agressifs, trouvant que son œuvre auprès des handicapés était inutile ; Jean Vanier, grâce à son sourire, les a désarmés, en leur montrant avec délicatesse que c'étaient eux les handicapés du cœur !

Nous arrivons à la conclusion du poète : « Et alors, si je n'ai pas fait mieux, ce n'est pas ma faute ! Et laissez-moi vous dire que probablement aussi bien, vous auriez aussi bien fait, oui, ma foi ! de vous adresser à un autre ! »

Oui, que Dieu assume Ses choix ! Il a choisi Claudel et Il lui a donné en même temps les charismes pour accomplir Sa mission !

Permettez-moi, c'est plus facile pour moi que pour Claudel, de dire que Dieu a fait le bon choix ! Ce qui ne m'étonne pas, car le choix de Dieu est toujours le meilleur !

« Tout ce papier que j'ai accumulé derrière moi, il y a de quoi pleurer et il y a de quoi rire !

« Et la tête que je ferais si l'on me condamnait à le relire ! »

Le poète prend toujours de la distance par rapport à son œuvre. Dès que son livre est en librairie, cela ne lui appartient plus. C'est son lecteur qui s'en empare, non seulement pour juger le roman, mais pour se l'approprier !

Il est bon d'avoir de l'humour sur soi et pour l'artiste sur son œuvre. Le grand théologien Karl Rahner, à la fin de sa vie, avait demandé au Seigneur d'arriver au Royaume sans ses nombreux ouvrages de théologie... Peut-être avait-il peur du contenu ? Mais Dieu a de l'humour ! Quel abîme entre nos pauvres écrits et la grandeur du mystère !

« Ô si cela pouvait arriver qu'il y eût cette convention entre nous, Madame, tout ce que j'ai fait et tout ce que j'ai écrit, que vous voulussiez bien le considérer comme rien du tout. »

Fausse humilité ? Non ! Quand on est foudroyé par le Seigneur, tout ce qui n'est pas Lui demeure si fragile. Claudel sait le prix de la grâce, et il ne veut surtout pas naturaliser le surnaturel !

Écoutons-le dans la quatrième ode intitulée « La Muse qui est la Grâce » : « Tu m'appelles la Muse et mon autre nom est la Grâce, la Grâce qui est apportée au condamné et par qui sont foulées aux pieds la loi et la justice.

« Et si tu cherches la raison, il n'en est point que cet amour qu'il y a entre toi et moi. Ce n'est point toi qui m'as choisie, c'est moi qui t'ai choisi avant que tu ne sois né. Entre tous les êtres qui vivent, je suis la parole de grâce qui est adressée à toi seul. »

Il y a certes le génie du poète, mais la parole le dépasse ; elle vient de Dieu, car telle est la mission de l'écrivain catholique.

À la fin de sa vie, Claudel souhaite arriver les mains vides à l'école de la « petite Thérèse » : « Que je me présente devant vous, bienheureusement intact et vide, fondamentalement nettoyé de toute cette littérature insipide ! »

Est-elle si insipide ? Nous avons besoin de poètes et de romanciers catholiques. L'art de la littérature nous fait parfois rêver, souvent penser. Il dilate nos intelligences au point de nous conduire au surnaturel. C'est une urgence de susciter des vocations d'écrivains catholiques !

Une nouvelle fois, Claudel se rend compte que sa mission est impossible. Comment dire l'Invisible ? Comment exprimer le dessein d'Amour de Dieu ? Heureusement, Marie a surgi dans sa vie, proximité réelle avec le Seigneur.

« Laissez-moi seulement me recueillir dans l'attente de ce qui ne va pas manquer d'arriver tout à l'heure, comme quelqu'un à qui il va arriver terriblement quelque chose, par exemple de lever les yeux et de vous voir ! Et qui fait semblant, semblant fait de ne pas avoir peur ! »

Testament spirituel de l'écrivain qu'il nous transmet aujourd'hui encore dans cette cathédrale qui a bouleversé sa vie. L'ultime rencontre est une récapitulation de sa vie avec la Vierge. Elle est venue voir son cœur le 25 décembre 1886, elle l'accueillera le 23 février 1955 ; et quel ne fut pas son étonnement lorsqu'il est arrivé à la porte du Royaume ! Reçu d'abord par la Vierge Marie qui lui récitera le début de ce poème de guerre :

*Il est midi...*
*Je n'ai rien à offrir et rien à demander.*
*Je viens seulement, Mère, pour vous regarder...*
*Parce que vous êtes là pour toujours,*
*Simplement parce que vous êtes Marie,*
*Simplement parce que vous existez,*
*Mère de Jésus-Christ soyez remerciée !*

M. le chanoine Claudel : il est le seul laïc devenu chanoine, le doyen du chapitre ne peut dire que : Amen.

Sachez que les confidences du poète avec son génie littéraire rejoignent de nombreuses conversions qui se vivent ici et qui restent dans le secret des cœurs.

## Notre-Dame, Mère et éducatrice

Claudel nous invite à aborder un sujet passionnant : la question de la transmission, qui, à première vue, peut paraître très académique, digne d'une leçon du Collège de France, avec la seule différence, même si je n'ai pas toutes les compétences requises pour en juger vraiment... Mais, en y réfléchissant bien, le sujet abordé est une question essentielle, voire vitale !

En effet, nous constatons, depuis des années, une rupture au niveau de la transmission, quelle qu'elle soit ; les grandes institutions, comme la famille, l'Éducation nationale, les religions ont du mal à répondre à leur mission. Il en est de même pour la culture qui, à court terme, peut annoncer la fin d'une société, oserais-je même dire la fin d'une nation... En effet une société qui ne transmet plus ses valeurs, sa culture, son histoire ne peut que former des barbares...

Cette préoccupation ne doit pas faire naître en nous une certaine nostalgie du passé, mais bien plutôt nous inviter à réfléchir sur la notion de culture, notamment la question de la création qui ne peut que s'enraciner dans le passé.

Vous me permettrez de commencer par deux grandes figures du christianisme ; peut-être son plus grand génie, je veux parler de saint Augustin, évêque d'Hippone, qui connut la fin de la civilisation gréco-romaine, et son ami saint Jérôme, fondateur de l'exégèse biblique, qui, au moment de l'invasion de Rome par les Barbares, a quitté la ville pour se retirer dans une grotte à Bethléem, entouré de deux matrones !

Deux attitudes : celle de Jérôme, affolé en regardant les pans de mur de la civilisation s'écrouler... et Augustin, qui n'a jamais cru à la pérennité des civilisations et qui envisage plutôt l'avenir en notant dans *La Cité de Dieu* que ce qui doit demeurer demeurera et traversera les siècles, servant aux fondations de nouvelles civilisations. Voilà une belle définition de la tradition, qui ne consiste pas à répéter ce que nos pères ont dit, mais bien plutôt à imiter leur audace créatrice.

Appliquant cette définition à la situation d'aujourd'hui, il s'agit donc d'adopter une attitude d'ouverture à la nouveauté, et non un repli frileux sur nous-mêmes, souhaitant protéger coûte que coûte notre culture. N'entrons pas dans la querelle des Anciens et des Modernes.

Comment favoriser le dynamisme et l'expansion d'une culture nouvelle sans que disparaisse la fidélité vivante à l'héritage des traditions ? Cette question se pose avec une acuité particulière lorsqu'il s'agit d'harmoniser la culture, fruit du développement considérable des sciences et des techniques, avec la culture qui se nourrit d'études classiques, conformes aux différentes traditions. Une société qui rejetterait son héritage culturel régresserait et se déshumaniserait.

Sans doute est-il temps, maintenant, de réfléchir à la notion de culture. Elle consiste à développer par l'exercice soit le corps, il s'agit alors de la culture physique, soit l'esprit ou l'âme, et il s'agit alors de la culture intellectuelle, spirituelle et morale. N'ayant pas brillé pendant mes études dans les cours de gymnastique, je m'arrêterai sur la culture intellectuelle... Elle est une caractéristique de la vie humaine, pour reprendre le docteur angélique saint

Thomas d'Aquin. C'est dire que l'homme vit d'une vie vraiment humaine grâce à la culture. Chacun de nous, en effet, ne devient lui-même que grâce à la culture dans laquelle il s'éveille. Elle lui apporte langue, imaginaire, coutumes, sensibilité, préjugés, histoire, art, sciences et techniques, façon de comprendre le monde. Elle le dote d'un patrimoine et d'un droit, à savoir que toute personne humaine doit avoir accès à la culture et que, ensuite, elle aura à jouer un rôle et à porter le poids des responsabilités qui pèsent sur elle. Au sens large, le mot culture désigne donc tout ce par quoi l'homme affine et développe les multiples capacités de son esprit et de son corps. Ainsi, la culture humaine comporte nécessairement un aspect historique et social, et le mot culture prend souvent un sens sociologique et même ethnologique. En ce sens, on parlera de la pluralité des cultures.

Saint Jean-Paul II, à l'Unesco, a rappelé que « la culture est un mode spécifique de l'exister et de l'être de l'homme ».

C'est bien l'homme et l'homme seul qui s'exprime dans la culture, quelle qu'elle soit, et trouve en elle son équilibre.

Aussi, je peux affirmer que, pour créer la culture, il faut considérer l'homme comme une valeur particulière et autonome, comme le sujet porteur de la transcendance de la personne. La culture doit être subordonnée au développement intégral de la personne, aux biens de la communauté et à celui du genre humain tout entier. C'est dire qu'elle a besoin d'une juste liberté pour s'épanouir et d'une légitime autonomie d'action, en conformité avec ses propres principes.

De cette affirmation, je peux dégager quelques convictions.

Tout d'abord, la tâche essentielle de toute culture est l'éducation. Je n'apprends rien à personne en disant que la crise que traverse l'éducation, qui ne date pas d'hier, est préoccupante ! Je ne veux pas m'aventurer sur le bien-fondé des méthodes d'apprentissage de lecture et de ses conséquences sur l'orthographe, le ministre de l'Éducation nationale semble avoir pris la mesure du désastre, mais ce dont je suis sûr, c'est que nos jeunes bacheliers ont du mal à lire un texte, je veux dire à comprendre un texte, et parfois les correcteurs de dissertations doivent lire les copies à voix haute pour saisir ce qu'a voulu dire l'élève ! L'écriture, le langage sont les outils essentiels pour une ouverture à toute culture et sont d'une importance fondamentale pour la formation des rapports interhumains et sociaux. Attention à cette rupture entre les jeunes adolescents et les adultes ! Je sais qu'il y a le phénomène de groupe, de la tribu ; mais si nos mots n'ont plus les mêmes sens, nous nous acheminerons vers des incompréhensions qui seront, tôt ou tard, source de violence.

Là encore, il ne s'agit pas de supprimer le travail des académiciens qui chaque semaine se retrouvent pour augmenter et reprendre le dictionnaire. Il ne s'agit pas de sauvegarder des mots surannés et désuets qui ne signifient plus rien aujourd'hui, mais nous ne pouvons pas non plus abandonner la richesse de notre langue française ni perdre les subtilités qui font la joie des linguistes et des étrangers passionnés par la beauté de notre langue.

Malheureusement, nous assistons à un déplacement vers l'instruction au sens étroit du mot. Elle est au service de ce que doit posséder l'homme. Elle n'œuvre plus en faveur de ce que l'homme doit être. Ou, dit autrement, l'éducation est au service de la compétition et non au service de la communion, ce qui va à l'encontre d'ailleurs de l'égalité des chances !

Peut-être faut-il voir ici les conséquences de notre révolution technologique, qui n'est pas toujours au service de l'homme.

Bernanos, il y a plus de soixante ans, dénonçait déjà ce risque : « La tragédie de la nouvelle Europe, c'est précisément l'inadaptation de l'homme et du rythme de la vie qui ne se mesure plus au battement de son propre cœur, mais à la rotation vertigineuse des turbines, et qui d'ailleurs s'accélère sans cesse. [...] La civilisation des machines a-t-elle amélioré l'homme ? Ont-elles rendu l'homme plus humain ? [...] Nous n'assistons pas à la fin naturelle d'une grande civilisation humaine, mais à la naissance d'une civilisation inhumaine qui ne saurait s'établir que grâce à une vaste, à une immense, à une universelle stérilisation des hautes valeurs de la vie » (*Essais et Écrits de combats,* t. II, *La France contre les robots*, VI, La Pléiade, 1995, p. 1031).

Il ne s'agit bien sûr pas de condamner le progrès technologique, surtout s'il est au service de l'homme, mais d'attirer l'attention sur cette dérive utilitaire qui ne laisse plus de place à la gratuité. Quelle place aujourd'hui pour les poètes ? Claudel, à propos de Dante, aimait rappeler que « l'objet de la poésie, ce n'est pas, comme on le dit parfois, les rêves, les illusions ou les idées. C'est la sainte réalité donnée une fois pour toutes. C'est l'univers des choses visibles auquel la foi ajoute celui des choses invisibles. La *poësis perennis* n'invente pas ses thèmes, mais reprend éternellement ceux que la Création lui fournit à la manière de notre liturgie, dont on ne se lasse pas plus que du spectacle des saisons. Le but de la poésie n'est pas comme dit Baudelaire, de plonger "au fond de l'infini pour trouver du nouveau", mais au fond du défini pour y trouver l'inépuisable. C'est cette poésie qui est celle de Dante » (*Positions et Propositions*, I, Gallimard, 1934, p. 166).

La deuxième remarque est le lien entre nation et culture. Je ne veux pas aborder ici le débat sur l'identité nationale, que je laisse aux hommes politiques. En revanche, je veux affirmer que toute nation existe par la culture et pour la culture. Il nous faut chercher la force d'une nation, son identité, à travers sa culture. Certaines nations ont lutté pour garder leur culture, leurs propres valeurs. Lors d'un séjour en Syrie, j'ai rencontré l'archevêque syriaque catholique d'Alep, qui me disait son inquiétude face à la diaspora des chrétiens syriaques. Comment vont-ils célébrer leur liturgie ? Ne vont-ils pas la perdre, l'oublier ? Derrière ces questions, quel avenir ? L'archevêque a bien vu que, la liturgie syriaque faisant partie de leur culture, la non-transmission pourrait conduire à la disparition de ce groupe. Il en va de la présence des chrétiens en Orient.

La troisième remarque porte sur la mémoire.

Il est faux de penser que tout, dans le développement de l'histoire humaine, est à la merci du changement et qu'il n'y a pas, à travers l'histoire, des choses qui restent permanentes.

Ce serait une perte irrémédiable pour l'intelligence, pour la culture, que de penser que le passé a cessé d'avoir pour nous une signification et une valeur et qu'il n'y a que le moderne qui puisse avoir un sens pour nous – ce serait la négation même de la culture ; s'il est vrai, comme disait Albert Thibaudet, que la culture est mémoire, c'est-à-dire ce qui permet dans une époque de garder présentes les œuvres géniales qui ont été celles de l'humanité du passé. Si les systèmes idéologiques, politiques, économiques sont le reflet des époques et se trouvent périmés et remplacés par d'autres aux époques suivantes, en revanche, il y a une vérité permanente de certaines choses qui ont été dites. Il y a une vérité de Platon ou d'Aristote… Cela ne connaît pas l'usure du temps. Ce qui connaît l'usure du temps, c'est ce qui n'est que le reflet de situations sociologiques. Mais ce qui est l'expression des profondeurs de l'homme, quand une œuvre a réussi à exprimer quelque chose de l'essentiel de l'homme, cela est aussi jeune en 2019 que lorsque cela a été réalisé ou exprimé la première fois. Quand un peintre dans une grotte préhistorique a dessiné ces figures que nous admirons, nous en percevons encore aujourd'hui l'incroyable génialité. Quand le philosophe ou le poète a obtenu certaines résonances où nous atteignons l'harmonie dans ce qu'il y a d'essentiel, il n'est plus à la merci de l'histoire. Il est clair que si ces œuvres sombraient dans l'oubli, nous entrerions dans une crise de l'intelligence, dans une sorte de barbarie. Notre civilisation ne serait plus culture, mais la négation même de l'authentique culture.

Il nous faut rendre grâce pour tous nos musées prestigieux qui ne sont pas simplement le reflet d'un passé, mais des lieux de transmission où les jeunes découvrent ce que leurs pères ont créé, non à partir de rien, mais en se laissant enrichir par les acquis de leurs prédécesseurs. J'ose vous faire cette confidence : j'ai aimé les cours de français que j'ai pu dispenser en présence d'œuvres d'art, soit dans un musée, soit en représentation. Ainsi, j'ai expliqué *Phèdre* de Jean Racine à partir du thème du poème de la mer et du soleil, ce qui m'a permis de faire le lien avec Claude le Lorrain qui fut un maître dans l'art du contre-jour et qui a montré, par son génie, comment le soleil fait valoir la mer. Loin du classicisme, ce peintre jouit de la lumière et a un aspect baroque. On pourrait également faire le lien entre Jean de La Fontaine et Nicolas Poussin qui intègre ses personnages dans ses paysages. Comment évoquer Jean de La Bruyère sans faire appel aux frères Le Nain qui aimaient peindre la condition paysanne ? On ne peut pas comprendre Denis Diderot si on n'a pas sous les yeux les ruines d'Hubert Robert ! Encore moins son côté populaire sans les natures mortes de Chardin. De même Jean-Jacques Rousseau peut être éclairé par l'art de l'autoportrait chez Rembrandt, Van Gogh, Cézanne, ou Gauguin… J'arrête là ma litanie classique qui vous révèle quelques auteurs qui m'ont formé. Mais j'entends déjà la réaction de certains professeurs : « Comment expliquer de tels auteurs ? Nos élèves et parfois nous-mêmes nous ne savons même plus ce qu'est la grâce ou le jansénisme. Il nous est impossible d'expliquer Pascal ou Racine. » Ou la réaction de quelques parents : « À quoi cela va-t-il leur servir ? » Et je réponds sans hésiter que la culture ne peut pas se situer au niveau du rendement, mais bien plutôt à celui de l'être et à son épanouissement. Renan aimait rappeler qu'une « foule de données spéciales apprises plus ou moins péniblement, tombent d'elles-mêmes de la mémoire ; il faut pourtant se garder de croire que pour cela elles soient perdues. Car la culture intellectuelle qui a résulté de ce travail, la marche que l'esprit a accomplie par ces études demeurent, et cela seul a du prix » (*L'Avenir de la science*, 1890).

Pour qu'il y ait création artistique, il faut passer par ce chemin qui a ouvert l'humanité aux plus nobles valeurs du vrai, du bien et du beau. La culture permet une intériorité qui assimile ce qui est lu, vu, ou entendu. Dans un monde où tout s'accélère, nous vivons beaucoup trop à la surface de nous-mêmes. Or l'homme a besoin de descendre au plus profond de son être pour découvrir tous ses talents qui peuvent être mis au service de la création.

Il y a donc un équilibre à trouver ou à retrouver si nous voulons transmettre une culture totale : donner le sens de la qualité, le sens du génie ; éveiller l'admiration pour les valeurs morales, esthétiques, spirituelles profondes ; rejoindre ainsi le cœur, qui n'est pas la sensibilité, mais l'homme intérieur.

Ce qui constitue finalement une culture, ce sont les valeurs spirituelles dans lesquelles elle s'exprime.

C'est dire alors que la cathédrale doit jouer un rôle essentiel. Elle ne remplace ni les familles ni l'école, mais elle doit être une courroie de transmission comme elle le fut toujours.

Quels sont les lieux de transmission ?

Commençons par les grands clercs ou servants d'autel. La majorité sont des jeunes étudiants ; c'est une école de liturgie. Certes, il faut apprendre à habiter l'ensemble du chœur et connaître les éléments de la liturgie ; mais cela n'est pas suffisant. Être grand clerc suppose de vivre la liturgie ; je leur propose donc des soirées de formation sur le mystère de la liturgie, la vie spirituelle, les fondements anthropologiques comme être créé à l'image et à la ressemblance de Dieu et selon le désir de Dieu.

Une école ecclésiale, car le clerc est envoyé par son curé ; une école d'obéissance, car on ne choisit pas sa fonction ; elle est donnée par le responsable. Une école de l'engagement et de la disponibilité : les liturgies sont très nombreuses et les clercs sont souvent sollicités. Mais ce n'est pas le bagne pour autant ! C'est une joie d'être auprès de son évêque, c'est une joie de contribuer à la beauté de la liturgie. Une école de vocations : depuis des années, des grands clercs entrent au séminaire pour devenir prêtres. La liturgie est appelante, et je rends grâce que certains d'entre eux pensent au ministère sacerdotal. Naturellement, l'éducation donnée est celle de la liberté intérieure ; mais être proche de l'autel, autour de l'évêque, pose la question du sacerdoce ; à chacun ensuite de répondre à cet appel s'il l'entend.

À tour de rôle, ils viennent le dimanche à la table du recteur entouré des chapelains, d'un organiste et du cérémoniaire. Ces temps de convivialité font grandir la communion entre nous tous. Croyez-moi, la table du recteur n'est pas triste ! Il faut dire que nous avons passé toute la matinée dans la cathédrale et que ce moment de détente est indispensable ; toute liturgie exige un investissement personnel.

Il y a une autre école de transmission, CASA (Communautés d'accueil dans les sites artistiques), déjà évoquée plus haut ; en été, des communautés de jeunes sont sur le parvis pour accueillir et faire visiter la cathédrale. De même que leurs aînés, ils ne sont pas des guides « comme les autres » ! Chrétiens engagés, ils font une visite culturelle en faisant parler les pierres. Le spirituel est au cœur de leur visite ; dans notre jargon pastoral, nous dirions que c'est une évangélisation implicite. Les touristes ne connaissent plus le vocabulaire de la « tribu » ; il faut donc redonner des définitions pour se faire comprendre. Ces visites ne sont pas des leçons de catéchisme, mais des moments privilégiés où la grâce peut agir.

Ces jeunes vivent en communauté pendant un mois. Envoyés par leurs universités, ils viennent du monde entier. Une richesse inouïe avec cet apprentissage de la vie communautaire. Tous parlent le français et tous sont des passionnés de l'architecture de nos cathédrales. C'est un privilège pour un jeune étudiant de partager sa passion ; comme dans l'enseignement, si le professeur est passionné, un peu « cabot », il partage son savoir et sa joie de vivre. Il me souvient d'avoir fait visiter la cathédrale à des boulangers américains après la fermeture, vers 19 h 15. Privilège accordé bien que je ne fréquente pas les McDonald's ni ne me voie manger des burgers, même s'ils ont des noms exotiques comme le « bœuf ranch moutarde » ! Je préfère un sandwich jambon-beurre avec nos baguettes bien de chez nous. La visite fut donc folklorique, ce qui ne m'a pas empêché de parler de l'histoire de France, du bon Dieu et de Mme Trump. À la fin de la visite, nous avons trinqué avec du Coca-Cola, et l'un d'entre eux m'a dit : « Quand vous serez à la retraite, vous ferez sûrement du théâtre. » Je lui ai répondu que le recteur était déjà un bon comédien tendance comique ; d'ailleurs, pour assumer toutes les tâches, il faut une bonne dose d'humour. Un saint triste est un triste saint ; alors n'ayons pas des têtes de poivrons vinaigrés, mais bien plutôt des visages joyeux ! C'est cela qui attire et évangélise. Si nous respirons l'ennui, nous ferons fuir tous ceux qui viennent chercher Dieu.

Revenons à nos jeunes qui consacrent leurs vacances à ce service essentiel ; grâce à eux, non seulement les touristes prennent le temps de s'asseoir, mais ils découvrent le mystère de ce lieu. Un jour, le cardinal m'a appris qu'il recevait de très nombreuses lettres de touristes qui lui confiaient que Notre-Dame les avait profondément marqués. Ces jeunes, comme tout enseignant, redonnent ce qu'ils ont reçu, non pas en répétant des leçons apprises par cœur, mais dans un souci de partage de ce qui les fait vivre. La cathédrale transmet et permet ainsi à d'autres de transmettre. Nous le savons bien, ce monument est un livre d'images catéchétiques ; nous pouvons passer des heures à contempler avec des jumelles les trois rosaces. D'un côté l'attente du Messie, en face l'Incarnation et, au fond, c'est « l'épilogue, la fin de l'attente, le jaillissement de la lumière, la réalisation de la promesse, le témoignage de l'Église universelle… Dieu est lumière. Amour infini[1] ».

Célébrant, face à cette rosace, en fin de journée au coucher du soleil, la « rose » change de couleur. Le rouge se met à chanter à côté du bleu qui adoucit. La contemplation nous met dans la joie de l'Apocalypse.

Faisant visiter la cathédrale à notre première dame, j'évoquais cette rosace : « Nous sommes un peuple en marche… mais là, nous marchons vers le Royaume de Dieu. »

Des scolaires viennent aussi découvrir la cathédrale avec l'aide « d'accueil jeunes », des adultes pédagogues qui transmettent la beauté et la richesse de l'église mère. En lien avec leurs études, ils ont une belle illustration des bâtisseurs de cathédrale du Moyen Âge et de l'histoire de notre pays. Là encore, Notre-Dame doit assurer, comme elle le fait depuis des années, cette belle mission de la transmission. Tous ces jeunes voient une Église vivante avec des célébrations liturgiques, des fidèles en prière dans les différentes chapelles.

Il est temps de passer à un autre lieu de transmission, la Maîtrise Notre-Dame et les conférences de Notre-Dame.

---

1. *Notre-Dame de Paris*, Place des Victoires, coll. « La grâce d'une cathédrale », 2012, p. 289.

# Notre-Dame et sa Maîtrise

Qui dit cathédrale dit Maîtrise ! Belle tradition depuis des siècles ! Comme ancien petit chanteur, je souhaite commencer par évoquer la belle figure du chanoine Jehan Revert, organisateur infatigable de la vie musicale à Notre-Dame. En effet, non seulement il s'occupait du chœur, mais aussi des concerts et des auditions d'orgue avec le grand maître Pierre Cochereau.

Voici ce que j'avais dit lors de ses obsèques à Notre-Dame :

« Lorsqu'un être cher nous quitte, lorsqu'un être qui nous a profondément marqués vient de vivre sa pâque, il nous reste dans le cœur quelques images qui nous permettent de faire mémoire et surtout de rendre grâce ; mais, pour nous, chrétiens, l'essentiel est désormais dans l'Invisible, c'est-à-dire dans le Cœur du Père. »

Ma première rencontre avec le père Revert eut lieu à Rome, lors d'un congrès des Pueri Cantores, il y a tout juste cinquante ans. Il dirigeait cinq mille petits chanteurs venus de nombreux pays, et faisait tout pour éviter une cacophonie qui n'aurait pas été digne du Saint-Siège ! Son regard lumineux, expressif, plein de tendresse, mais aussi avec cette autorité de chef de chœur permettaient à chacun de donner le meilleur de lui-même.

La deuxième image, elle est dans la cathédrale : maître de chapelle, il a mis ses talents au service de la liturgie. Impossible d'oublier cette voix si chaude qui mettait en relief la Parole de Dieu.

Tout comme il habitait dans la cathédrale, Notre-Dame l'habitait ! Il connaissait ses voûtes, ses piliers et même les cloches (il y a d'ailleurs une sonnerie à son nom, ce qui le faisait sourire !), et il les faisait chanter grâce à la Maîtrise et grâce aux orgues… Comment ne pas évoquer son ami Pierre Cochereau ni le chanoine Émile Berrar ! Tous trois ont fait la cathédrale.

La troisième image est le liturge qui a su mettre en musique, intelligemment et avec pédagogie, la réforme demandée par le concile Vatican II. Son répertoire si riche, celui des psaumes entre autres, s'inscrivant dans la tradition des faux-bourdons chère à Notre-Dame, fut une œuvre remarquable. Il fut sans aucun doute un homme passionné par la liturgie et désireux de faire prier sur la beauté. Il apprenait aux enfants à chanter, mais ce qu'il leur a apporté surtout, c'est ce supplément d'âme qui touchait les cœurs de ceux qui venaient dans cette si belle cathédrale.

La dernière image, c'est Mgr Revert, fragilisé par son âge, qui était assis dans une stalle, en retrait. Un prêtre humble qui a su obéir à l'Église qu'il aimait tant et qui a vécu ces années de retraite avec confiance, car il croyait en l'amour miséricordieux. Malgré sa faiblesse, il demeurait disponible et toujours aussi délicat. Grâce sans doute à sa spiritualité mariale, il allait chaque jeudi à pied, le long de la voie ferrée de Conflans à Noisy-le-Sec, sa résidence familiale, en chantant le chapelet !

Et maintenant ? Alors là, c'est une image invisible, mais je l'ose, à cause du sourire du chanoine Revert : oui, cette image, c'est Jehan Revert, les bras levés, regardant tous les anges, pour leur faire chanter : *Sanctus, Hosanna in excelsis*

*Deo*. C'est ainsi qu'il poursuit son œuvre ! Celui qui a célébré pendant plus de soixante-dix ans rejoint désormais la liturgie céleste. Les anges et les saints vont être heureux de chanter sous sa direction.

Aujourd'hui, la Maîtrise Notre-Dame de Paris s'enracine dans cette tradition. Elle est une école de musique qui s'adresse aux enfants des écoles catholiques et publiques, aux collégiens et lycéens avec des horaires aménagés, ainsi qu'un chœur d'adultes en formation professionnelle.

La première mission est l'animation liturgique : vêpres tous les soirs, laudes le dimanche matin, les messes de 18 h 15 en semaine et les messes du week-end... sans oublier les célébrations diocésaines comme les ordinations diaconales et sacerdotales, les confirmations d'adultes, l'appel décisif des catéchumènes et tant d'autres.

Restons quelques instants sur la musique liturgique.

Que nous écoutions Bach ou Mozart dans notre cathédrale, nous sentons ce que signifie la gloire de Dieu. Le mystère de l'infinie beauté nous pénètre et nous fait éprouver Sa présence de façon tangible.

Le pape Benoît XVI propose quelques directives pour que la musique liturgique réponde aux attentes des fidèles.

Tout d'abord, elle doit mettre en valeur la Parole de Dieu. Avouons que nous avons eu des chants d'église avec des paroles bien éloignées de cette idée simple ! Nous avions oublié que nos chants, jaillis de l'amour, répondent à l'amour de Dieu. Cela n'empêche pas que nous en créions de nouveaux ! La cathédrale commande régulièrement à des compositeurs des œuvres pour la Maîtrise.

Ensuite, savoir prier et donc chanter devant Dieu est un don de l'Esprit. L'Esprit suscite une musique qui élève le cœur, le « *Sursum corda* » avant la préface. Nous sommes loin des chants qui sont braillés et qui forment des générations de sourds !

N'oublions pas que nous participons à la liturgie céleste ; nous sommes inclus dans la liturgie angélique.

L'Église doit encourager les artistes chrétiens – ou non.

Dans ce si beau cadre, la musique sacrée, avec ce supplément d'âme, permet aux fidèles de participer à la liturgie céleste. Ceux qui viennent aux liturgies de la cathédrale attendent la beauté. Les témoignages nous le rapportent. Et la Maîtrise n'empêche pas la participation active des fidèles, bien au contraire. Elle porte notre prière ; et si, au départ, nous sommes attirés par l'esthétique, rapidement le cœur est transporté vers le Royaume. Beaucoup de lettres reçues en témoignent, notamment grâce à KTO qui nous permet de rejoindre celles et ceux qui sont souvent seuls et qui n'ont plus la possibilité de participer à l'Eucharistie, parce que malades ou âgés, ou parce qu'il n'y a plus de prêtres…

Ces jeunes sont accompagnés par un chapelain qui leur donne un enseignement liturgique à partir des pièces qu'ils vont interpréter ; Mgr Maillet, le fondateur des Petits Chanteurs à la croix de bois, évoquait ce supplément d'âme. Nos enfants ne sont pas des professionnels, même si un jour quelques-uns le deviendront. Ils sont là pour recevoir une formation humaine intégrale ; cette école forme le cœur, l'esprit, l'âme et le corps. Ils n'exécutent pas une œuvre musicale ; ils y mettent leur cœur et c'est pourquoi les cœurs sont touchés par leurs interprétations. Musicalement, c'est parfait ; mais le recteur attend dans la liturgie le surcroît d'une ascension spirituelle.

Vous n'imaginez pas la joie de célébrer les offices avec la Maîtrise. Connivence, regards, sourires sont de réels encouragements. Il n'y a pas de compétition entre nous, bien au contraire. De même avec nos organistes : j'aime les féliciter et les remercier à la fin de la messe, me faisant l'interprète des fidèles. Une belle entente entre nous est nécessaire pour l'harmonie des cœurs. Il y a cette confiance parce que nous sommes sur la même longueur d'onde, et heureusement, car la Maîtrise assure un millier d'offices par an.

Chaque messe dominicale a sa « couleur » musicale : la messe « canoniale » présidée par un chanoine est en grégorien ; le chœur interprète des pièces qui furent écrites pour la cathédrale aux XIIIe et XIVe siècles. Beaucoup de fidèles attachés au latin se félicitent qu'à la cathédrale une messe, selon le missel de saint Paul VI, soit ainsi célébrée. Chargé par mon évêque de la mise en place du *motu proprio* de Benoît XVI, donnant la possibilité de célébrer la messe selon le missel de saint Jean XXIII, je suis particulièrement sensible au fait que, le concile Vatican II n'ayant pas aboli le grégorien et la langue latine, de telles liturgies selon le missel de Paul VI soient proposées.

La messe de 11 h 30 est polyphonique ; c'est dire que le chœur interprète une œuvre de Palestrina, de Mozart ou de tant d'autres compositeurs géniaux. Les touristes présents attendent avant tout une belle liturgie. Le recteur en est le garant ; l'église mère du diocèse est là pour donner les orientations de l'archevêque. Il est sûr que le programme musical n'est pas celui d'une paroisse, tout simplement parce que Notre-Dame n'est pas une paroisse. Il y a quatre cents fidèles réguliers ; les deux mille six cents autres sont des provinciaux, des étrangers, des amoureux de la belle musique, des passionnés des orgues connues dans le monde entier, et des touristes de passage attirés par la Vierge Marie, qui repartent bouleversés.

La liturgie, ce sont aussi les vêtements liturgiques particulièrement soignés. La cathédrale reçoit ainsi de très beaux ornements modernes, qui, dans un tel cadre, rehaussent la grandeur du mystère. Rien n'est trop beau pour le Seigneur. Cela ne m'empêche pas de porter pour une grande fête telle chape offerte par Napoléon III… mais ces chapes sont lourdes et, quand les épaules sont fragiles, des stigmates invisibles demeurent quelques minutes encore après la célébration…

La cathédrale a un très beau trésor que de nombreux touristes viennent visiter. Mais nous sortons parfois de belles pièces pour les fêtes de Noël, de Pâques, de la Pentecôte, du 15 Août… et quand le recteur veut s'offrir une gourmandise spirituelle, il va choisir un beau calice ! C'est l'occasion de prier pour ceux qui ont offert ces pièces d'orfèvrerie. Je le redis, la cathédrale n'est pas un musée, chaque archevêque a ses propres objets liturgiques. Le cardinal Lustiger avait confié au sculpteur Jean Touret le mobilier, notamment l'autel actuel. Le cardinal André Vingt-Trois, dans un souci de continuité, avait gardé l'ensemble ; mais il se servait du calice et du ciboire offerts pour les Journées mondiales de la jeunesse (JMJ) à Paris. Les papes saint Jean-Paul II et Benoît XVI ont laissé les chasubles qu'ils portaient lors des célébrations parisiennes. Le recteur est toujours ému de les porter – et, en plus, elles sont légères…

Revenons au chant choral et aux fruits d'une telle formation.

Tout d'abord, une éducation à l'effort ; c'est ainsi que nous formons la volonté. Être à l'heure, être attentif, travailler les partitions, écouter l'autre pour ne pas l'écraser, sauf s'il est soliste. Ne pas crier – car sa voix est son trésor –, une tenue correcte. Pour autant, ce sont des jeunes « normaux », mais qui ont accepté les règles pour leur bien ; ils ne sont pas traumatisés, loin de là, et quand le recteur leur offre une boîte de chocolats, ils se précipitent comme s'ils n'avaient pas mangé depuis huit jours !

L'éducation donnée ne forme pas des « stars », mais des jeunes qui développent leurs talents pour la plus grande gloire de Dieu.

À côté de la liturgie, il y a les concerts donnés à la cathédrale. Chaque mardi soir, la Maîtrise propose un programme de grande qualité qui attire non seulement les touristes, mais aussi des mélomanes qui apprécient la variété des concerts. Beau rayonnement culturel de la cathédrale, de la Ville de Paris et de la France. C'est l'occasion pour le recteur d'inviter le personnel de la préfecture de police si disponible pour assurer la sécurité du parvis, de la cathédrale, de l'archevêque et du recteur !

Lors de la Sainte-Lucie, nous avons un concert en lien avec la Suède. J'ai eu la joie d'accueillir le roi Carl XVI Gustaf et la reine Silvia. Cette visite a bien sûr nécessité de nombreux préparatifs : non seulement il fallait assurer la sécurité, mais aussi respecter le protocole. La cathédrale est visitée par des chiens de la police au cas où une bombe serait cachée dans un confessionnal. Le bâtiment est alors totalement fermé et envahi par les gardes du corps qui répètent le chemin des Altesses Royales. Par ailleurs, tout est minuté.

Une réunion prépare l'accueil et, pour éviter les incidents diplomatiques, j'apprends les règles essentielles… car je ne suis pas Stéphane Bern ! Son Altesse Royale, Majesté, Madame… on peut s'y perdre !

Nous commençons par « Votre Majesté », puis vous direz « Madame ».

J'étais assis à leur côté ; le roi ne parle pas notre langue ; la conversation en a été écourtée… En revanche, la reine Silvia la maîtrise admirablement. Ce fut ainsi l'occasion de parler du pape François, de tous ces jeunes chanteurs, français et suédois. Puis nous avons remonté la nef ; les spectateurs se levaient, sans applaudir ; la communauté suédoise cherchait à apercevoir Sa Majesté… Mais celle-ci ne s'est pas arrêtée, n'a pas tendu la main, sauf au recteur, à son arrivée et à son départ.

Assis dans de beaux fauteuils rouges, nous avons écouté avec joie nos deux maîtrises ; entre deux morceaux, la reine me faisait partager son émotion et son admiration. À la fin du concert, le roi Carl XVI Gustaf et la reine Silvia se levèrent pour signer le livre d'or. Ce fut alors la remise d'un souvenir de la cathédrale, et j'étais déjà à la porte pour reconduire le couple royal dans leur voiture officielle escortée par nos motards.

Tout s'est si bien passé que nous avons accueilli l'année suivante le Premier ministre suédois ; la conversation fut aussi très rapide… Je ne connais toujours pas le suédois, et ce Premier ministre, en visite officielle en France, n'avait pas son interprète ! Heureusement, la musique est là qui favorise l'harmonie des peuples…

Cette année, c'est Son Excellence l'ambassadeur de Suède qui a présidé la Sainte-Lucie. Quelques jours auparavant, elle a illuminé, avec l'archevêque de Paris, le sapin offert par son pays. Belle tradition. En 2019, ce sera sans doute le tour de l'Irlande.

Le recteur a une vie de diplomate ! Il répond aux invitations et reçoit des ambassadeurs qui viennent l'interroger sur la France et le comportement des Français. Pendant la crise des « gilets jaunes », j'ai par exemple reçu un ambassadeur d'un pays d'Amérique latine qui ne comprenait pas la violence, dix-neuf mois après l'élection de notre président, qui avait suscité tant d'espoirs !

Comme tout bon diplomate, j'ai expliqué que les Français étaient difficiles à gouverner et qu'il y avait de réelles attentes qui n'étaient pas entendues…

Nos hommes politiques sont sans doute trop occupés et ne viennent pas à la cathédrale. De temps en temps M. Delanoë, de passage à Paris, aime se retrouver à Notre-Dame pour un concert. Il faut dire qu'il a participé à la création de Musique Sacrée et que la Ville de Paris, comme l'État, participe au financement de notre Maîtrise. Il est normal que Musique Sacrée soit l'ambassadrice de la France et de sa capitale.

Le recteur n'assiste pas à tous les concerts... Mais chaque concert débute par une présentation spirituelle faite par un chapelain ou le recteur lui-même. Le ton est donné dans un cadre prestigieux et magique, la musique sacrée se déploie et fait rêver toutes celles et tous ceux qui sont dans la cathédrale. Le recteur est gâté ; il n'a plus besoin d'aller à la Philharmonie, il a tout sur place ! Ça devrait être un critère pour sa nomination : un prêtre amoureux de la musique et qui aime chanter ! Mais ce n'est pas suffisant, convenons-en...

À côté des concerts, il y a les auditions d'orgue tous les samedis à 20 heures. Les organistes du monde entier n'ont qu'un désir, venir jouer sur cet instrument de plus de huit mille tuyaux. Il y a une longue liste d'attente, et ce sont les titulaires qui font une sélection drastique... Tout le monde ne peut pas jouer sur ce grand orgue de cent cinquante ans qui, avec cinq claviers et ses cent neuf jeux, est le plus important de France et sans doute le plus célèbre du monde.

Ce chef-d'œuvre de Cavaillé-Coll est achevé en décembre 1867 pour les célébrations de Noël ; un beau cadeau pour Notre-Dame. Inauguré le 6 mars, que de grands noms parmi les titulaires : Louis Vierne, Marcel Dupré, Léonce de Saint-Martin, Pierre Cochereau, connu pour ses improvisations !

Aujourd'hui, nous avons trois titulaires : Olivier Latry, Philippe Lefebvre et Vincent Dubois.

Afin que l'instrument soit opérationnel vingt-quatre heures sur vingt-quatre, un facteur d'orgues, employé par la cathédrale, veille à la maintenance, on l'a dit. Les organistes invités comme les titulaires répètent à partir de 19 h 30 jusqu'à minuit, ce qui n'empêche pas les ouvriers de réparer tel projecteur, car tous les travaux qui nécessitent un échafaudage ne se font que la nuit pour éviter un accident, avec les trente mille touristes qui y circulent chaque jour.

Il ne faut pas oublier l'orgue de chœur qui, lui, compte trente jeux et mille huit cents tuyaux, utilisé quotidiennement pour les offices des vêpres et de la messe du soir. Yves Castagnet en est le titulaire. Proche de la Maîtrise, il est son partenaire privilégié.

Depuis 1988, Yves compose, accompagne, prépare les liturgies d'un point de vue musical. Il a été rejoint par Johann Vexo en 2004.

Le cardinal André Vingt-Trois, évoquant le rôle de la liturgie à Notre-Dame, écrit : « La liturgie est l'âme vivante de la cathédrale. N'est-elle pas le lieu où le peuple chrétien rassemblé autour de l'archevêque célèbre les bienfaits de Dieu au long des jours et parfois des nuits ? À travers les temps de l'année liturgique, qui sont comme les saisons de la cathédrale, les tonalités spirituelles et musicales s'enchaînent tandis que varient la lumière du soleil et la longueur des jours. [...] Les fidèles, les habitués, les pèlerins et les visiteurs, par le regard, par l'écoute ou par le cœur, tous, sont agrégés à la liturgie qui est célébrée, tous sont portés sur les épaules du Bon Pasteur qui offre la louange des hommes au Père du Ciel. »

Le recteur entre dans cette grande tradition des Heures de Notre-Dame. L'archevêque lui a confié ce trésor. À lui de continuer de l'enrichir grâce aux musiciens talentueux qui œuvrent dans ce haut lieu de la spiritualité.

Les auditions d'orgue ouvertes à tous peuvent être des moments privilégiés d'évangélisation. Les cœurs sont touchés, et la grâce fait le reste ! Car les visiteurs prennent le temps de s'asseoir, d'écouter et de voir.

## La tradition des conférences à Notre-Dame

Quand on parle des « conférences de Notre-Dame », nous pensons d'abord aux conférences de carême. Je suis sûr que de grandes figures nous reviennent en mémoire.

Le père Henri-Dominique Lacordaire, né en 1802, assure les prédications de 1835 et 1836. Elles ont pour objet l'Église, sa nécessité et son autorité, puis la tradition, l'Écriture et la raison. La finalité de ces conférences : conversion et pénitence.

Le père Lacordaire a repris un autre cycle de 1848 à 1851 : le célèbre prédicateur présente le mystère chrétien sous forme d'apologétique, réveillant ainsi le catéchisme de notre enfance...

Comment ne pas nommer le père Sanson, Mgr Alfred Baudrillart, le jésuite Henry Pinard de La Boullaye, Mgr Chevrot, mon illustre prédécesseur à Saint-François-Xavier, les pères Riquet, Carré et Thomas, le père Bro, les pères Garrigues, Bruguès, Armogathe, les cardinaux Ratzinger, Schönborn, Policarpo, Erdö, Danneels ?

À partir de 2005, les conférences prennent une orientation nouvelle et rompent avec la tradition d'un prédicateur unique. Le cardinal Lustiger a voulu promouvoir un dialogue entre foi chrétienne et pensée contemporaine, comme en écho au travail qui se fait au collège des Bernardins.

Ces conférences sont retransmises par France Culture, Radio Notre-Dame et la télévision catholique KTO. Il est sûr que maintenant nombre de fidèles préfèrent rester dans leur salon, assis dans un fauteuil, et désertent ainsi la cathédrale. J'ai connu les conférences de carême où nous étions assis sur les marches du chœur, et pourtant elles étaient déjà retransmises en direct sur France Culture.

Posons-nous la question : ces temps proposés pendant le carême correspondent-ils aux attentes des fidèles ? Avouons que certaines conférences étaient bien compliquées et qu'il fallait un dictionnaire philosophique à côté de soi pour les suivre !

C'est un genre difficile qui mêle la rhétorique, le contenu doctrinal et l'exhortation spirituelle.

Il nous faut lire les signes des temps : les fidèles apprécient les textes du pape François parce qu'ils sont accessibles ; ce sont des paroles de pasteur qui touchent les cœurs des fidèles.

Je suis sûr que le carême est ce temps privilégié pour nous convertir en nous appuyant sur un enseignement donné à travers les conférences.

Nous avons besoin d'une nouvelle apologétique, car les fidèles, même les plus « pratiquants », ne connaissent plus le contenu de la foi. Quant aux jeunes, ils ne comprennent plus le langage de la tribu… Il me souvient d'avoir parlé des paraboles aux enfants qui ne voyaient pas le lien entre Jésus et la parabole fixée sur le toit de leur maison.

Un jour, j'évoquais les vertus cardinales, et un lycéen m'avait demandé pourquoi je vantais les vertus du cardinal-archevêque !

Au séminaire, traitant du concile de Trente, l'un des séminaristes était persuadé que c'était le trentième concile !

Ce sont des perles qui nous montrent que, si nous ne voulons pas transformer l'Église en tour de Babel, il est temps de réagir. Nous touchons ici une nouvelle fois la question de la transmission !

Avec les chapelains, nous avons proposé à l'archevêque une nouvelle formule qui s'inscrit dans la tradition, avec un seul prédicateur, un curé de Paris, sur un thème qui est le cœur de notre foi : la Résurrection du Christ et la nôtre !

J'ai toujours pensé que la cathédrale, l'église mère, devait nourrir les fidèles et pèlerins. Cela se fait à travers la prédication, mais aussi à travers les conférences spirituelles données le dimanche.

Ainsi, dès mon arrivée, j'ai mis en place une série d'enseignements, en lien avec l'école cathédrale. Ces conférences sont des pauses spirituelles qui permettent de renouveler notre accueil du mystère du Christ par l'écoute des théologiens, des spirituels et des artistes, dans un climat de recueillement.

En tant que professeur de théologie, c'est une joie pour moi de partager ce qui me fait vivre. La mission première du recteur est de transmettre « la joie de l'Évangile » à travers la liturgie, l'enseignement, les visites culturelles, les concerts, les rencontres au cœur de la miséricorde divine.

Il faut du temps pour rédiger ces conférences qui ne durent que trente minutes, étant retransmises en direct sur KTO. Tous les mots sont pesés ; cela suppose de la rigueur, mais cela ne me déplaît pas !

Ces conférences sont le fruit de mes quarante ans de ministère. J'ai souvent reçu des missions d'enseignement et de prédication, notamment pour des carêmes sur France Culture ou des prédications de retraite... Il faut donc quelques cartouches dans ses malles ! Mais la cartouche ne fait pas tout ; les auditeurs sont souvent différents, et il faut répondre à leurs attentes.

YouTube permet de voir les attentes ; environ cinq mille personnes reprennent les conférences, celles qui ont fait « un tabac » : la série sur la prière puis le Notre-Père, la « petite Thérèse », Bernanos, sur comment se placer à la suite du Christ, enfin, la figure du prêtre chez nos papes Jean-Paul II, Benoît XVI et François. Ces dernières étaient sans doute plus théologiques.

Je ne cherche pas à faire du chiffre ; d'ailleurs j'ignore le nombre de téléspectateurs… Je sais qu'il y a environ cent cinquante personnes qui sont devant moi à la cathédrale !

Les attentes sont spirituelles ; les fidèles veulent un enseignement simple, solide et qui les rejoigne dans ce qu'ils vivent.

J'ai noté aussi un désir de redécouverte des grands écrivains catholiques, comme Bernanos. Certains auditeurs m'ont confié avoir lu et relu le *Journal d'un curé de campagne*. La lecture proposée est spirituelle et théologique. L'ancien professeur de lettres jongle avec les idées de ce grand écrivain. Il me souvient d'avoir fait toute une série de conférences sur Bernanos, et parmi les auditeurs il y avait son fils, Jean-Loup, qui découvrait des facettes « cachées » de son père. Ce fut une joie intérieure, mais j'ai tout de suite précisé qu'un professeur a l'art de faire parler un auteur et de conclure : Bernanos lui-même serait peut-être étonné de sa profondeur spirituelle !

À l'occasion du cent cinquantième anniversaire de la naissance de Paul Claudel, j'ai consacré trois conférences sur son œuvre. De nombreux fidèles se sont déplacés, notamment François Claudel, son petit-fils ; à la fin du commentaire que j'ai proposé du *Partage de midi* et de *L'Annonce faite à Marie*, François, les larmes aux yeux, m'a embrassé, étonné lui aussi de la lecture que j'en faisais… Je lui ai dit que son grand-père serait peut-être, lui aussi, tout étonné.

Le recteur a besoin pour sa vie spirituelle et pour son équilibre de travailler ces conférences. Relire la « petite Thérèse » est une bonne *lectio divina* qui fait prier. Le premier bénéficiaire est donc le recteur ; de même lorsque je prépare un carême pour France Culture, ou pour toute prédication, je suis le premier à m'évangéliser.

Je ne reprends pas mes homélies passées ; d'ailleurs, elles sont publiées ! La Parole de Dieu est vivante et elle touche les cœurs de manière différente, en fonction de ce que nous sommes en train de vivre.

J'ai la réputation de préparer longtemps à l'avance mes homélies… Mais j'ai toujours été comme cela, même au lycée. Sans doute mon côté maniaque, ou prévoyant ! En tout cas, c'est bien utile pour mon ministère à la cathédrale où je ne maîtrise pas toujours les visites officielles.

L'angoisse de la feuille blanche… quels délices ! Certains vont penser que le recteur a un côté archaïque ; j'assume ! Je suis incapable d'écrire face à un écran, qui me paralyse. Heureusement, j'ai la chance d'avoir à mes côtés une religieuse fidèle qui m'assiste depuis des années et tape tous les textes. Le miracle, c'est qu'elle arrive à déchiffrer mes pattes de mouche.

La première ligne est toujours difficile, puis la plume du stylo glisse sur le papier ; parfois, elle s'arrête ; elle rature, puis reprend son souffle et arrive ainsi à la fin de la page. Écrire est une réelle détente, pour moi. Certains vont au cinéma ou naviguent sur les réseaux sociaux ; je choisis d'écrire ; une façon d'engendrer, ce qui n'est pas désagréable, surtout au moment de l'accouchement !

Préparer une retraite demande un grand investissement : treize interventions de quarante-cinq minutes ! C'est dans mon bureau-bibliothèque, entouré de mes livres, que je construis l'ensemble ; il faut du silence ou un fond de musique classique ; faire travailler sa mémoire pour retrouver telle référence, tel dossier ou telle conférence. On ne part jamais de rien…

Prêcher une retraite, c'est en même temps se prêcher sa retraite. Le recteur a le droit de se retirer dans un endroit désert pour se trouver avec le Seigneur, seul à seul. Une retraite permet de bien manger, de bien dormir, de prier longuement et de marcher en pleine nature.

Enfin, les homélies sont les fruits de la prière, de la *lectio*. Un art difficile : la prédication doit être courte, une *captatio* au début, une image qui touche les cœurs ; surtout une homélie adaptée aux fidèles de Notre-Dame ! Mais les fidèles sont souvent des provinciaux ou des touristes ; heureusement, il y a un noyau de fidèles qui donnent le *la* ! Les touristes présents ne parlent pas notre langue ; alors, afin de sentir l'assemblée, je raconte une petite histoire pour voir si elle réagit ! Dieu merci, il y a des Français à la messe.

Certains me disent : « Comment pouvez-vous rédiger vos homélies si longtemps à l'avance ? Et si, entre-temps, il y a un événement qui bouleverse tout ? » Je réponds : « Si le Christ revient, je n'aurai pas à faire les homélies, nous serons dans la gloire ! Et si le pape vient à mourir, il sera temps d'ajouter un paragraphe… »

Écrire une homélie, ce n'est pas la lire, sinon ce serait mourir d'ennui. Le prédicateur garde sa liberté par rapport à son texte. Mais il connaît le début et surtout la fin… Rien de plus terrible que des homélies qui sont inachevées. Cet art suppose du travail personnel ; on n'improvise pas, ou alors c'est de la logorrhée ou un jus pieux, rébarbatif, qui n'est qu'une paraphrase de l'Évangile.

Prêcher à Notre-Dame stimule ; nous savons que les fidèles veulent recevoir un enseignement qui va les nourrir tout au long de la semaine.

Il faut être un peu théâtral, il faut aimer prêcher, mais, surtout, il faut travailler !

Avec ce chapitre, j'achève la première partie de ce livre qui est consacré à la mission pastorale du recteur. C'est la source de ce qui va suivre ; c'est la source qui me fait vivre.

# Une petite entreprise

## Patron d'une PME

Pas toujours facile d'être prêtre et patron ! Il ne faut pas mélanger les genres ni tomber dans un paternalisme. Dès mon arrivée, j'ai rencontré chacun des soixante-sept salariés pour qu'il puisse se présenter – naturellement, ce n'était pas une confession ! Cependant, j'ai souhaité leur dire qu'avant tout j'étais prêtre et que je mènerais cette « PME » comme un prêtre heureux, mais aussi conscient de mes responsabilités de patron.

Il faut une gestion prudente lorsque nous ne vivons que de dons. Il me faut penser aux fins de mois pour régler les salaires et les factures. Il me faut également participer à la vie du diocèse en aidant les paroisses de l'Est parisien qui n'ont pas les moyens financiers d'assurer leur pastorale.

En tant qu'ancien vicaire général qui s'est occupé de celles-ci, je peux témoigner de l'importance de leur présence. Entre deux communautarismes, les chrétiens sont là comme signes de communion. L'Église est une fontaine au cœur de ces quartiers difficiles : présence de Dieu qui accueille toute personne de bonne volonté.

Ayant fait de nombreuses visites pastorales, j'ai été émerveillé par le travail des curés et de leurs communautés paroissiales. Ce sont des missionnaires au cœur de leurs quartiers. Que d'exemples remontent en ma mémoire !

Telle religieuse assise dans le parc des Buttes-Chaumont, gardant un petit enfant pour permettre à la maman ou à la nounou de faire une course; pas grand-chose, mais une disponibilité qui touche les cœurs. On connaissait la sœur!

Telle gardienne d'immeuble qui s'étonnait d'entendre des locataires loin de la foi lui dire : « Priez pour moi »... Il faut dire que sa loge ressemblait à une chapelle avec des statues et des images pieuses! Point n'est besoin d'aller au bout du monde, le travail apostolique est une urgence dans notre ville de Paris. Lorsque le diocèse a fait construire l'église Saint-Luc dans le 19e arrondissement, une femme musulmane a donné une obole afin de participer à ce si beau chantier : « Quelle joie de voir bientôt une église dans notre quartier; cela manquait! »

Nous ne sommes plus au temps des catacombes! Il faut oser nous montrer, non pas pour dire que nous sommes les meilleurs, mais pour mettre en valeur ce qui nous fait vivre et qui donne sens à ce monde parfois si déboussolé.

Il me souvient, lors d'une visite pastorale à la paroisse Saint-Bernard de la Chapelle, à la sortie du métro, que, n'ayant pas le sens de l'orientation et cherchant l'église, au milieu du marché coloré et rappelant le souk de Tunis ou le marché de Libreville, avec les odeurs d'épices, un homme m'a interpellé : « *Abouna*, qu'est-ce que tu cherches? » Je lui ai répondu : « L'église Saint-Bernard »; il m'a pris par la main et m'a conduit à l'église où j'étais attendu; bienheureux col romain qui m'a permis de trouver le chemin grâce à un musulman respectueux de la figure du prêtre; image étonnante d'un pasteur conduit par un musulman pour trouver l'église!

Revenons à ce que je vis à Notre-Dame comme « patron ».

Quelle est ma journée? Je suis à l'ouverture de la cathédrale à 7 h 45, après avoir chanté les laudes avec mes frères prêtres au presbytère. L'ouverture des portes est solennelle, un peu comme au Saint-Sépulcre... Les portes sont aussi lourdes! Le ménage, commencé à 5 h 30, s'achève, même s'il y a à terminer le nettoyage des coins et recoins, car le personnel sait que le recteur est maniaque et qu'il passe tôt le matin.

Ouverture des portes pour accueillir les premiers pèlerins et les touristes ; la cathédrale est silencieuse, le soleil se lève et éclaire les vitraux du chœur ; le sacristain prépare la messe qui va être célébrée à la chapelle de la Pietà à 8 heures. Quelques retardataires pressent le pas... À cette messe on retrouve surtout des gens qui travaillent dans les administrations du quartier de l'île de la Cité, ou tout simplement des lève-tôt qui savent que l'avenir leur appartient. La visite de la cathédrale à cette heure-là est un pur bonheur. Une journaliste de France Culture, faisant un reportage sur l'art dans les cathédrales, m'a demandé une interview ; je l'ai convoquée à 8 heures près de la Vierge couronnée, et nous n'avons parlé que du silence et des paroles qui jaillissent de toutes ces pierres si magiques ! Étonnante émission de radio où le silence s'est fait entendre.

Après avoir salué le personnel présent, notamment les surveillants qui mettent en place l'accueil des trente mille visiteurs quotidiens, les sacristains, celles et ceux qui assurent le ménage, je rejoins mon bureau situé à côté de la cathédrale, au premier étage.

Au-dessus de mon bureau se trouve celui de la directrice administrative et financière ; chaque lundi matin, nous nous retrouvons pour faire le point. Aidée par la contrôleuse de gestion, par une comptable et par la responsable des paies et des questions sociales, elle me tient au courant des recettes et des dépenses. Les lois sociales bougent vite, et je me dois d'être bien entouré pour demeurer un patron intègre, mais surtout juste.

Ma force, c'est de faire confiance à celles et ceux qui m'entourent. Le travail administratif est lourd, et le recteur ne peut pas tout faire. Je suis conscient des efforts demandés. Cette confiance me permet de préparer mes homélies et conférences, d'être disponible pour recevoir ceux qui veulent me rencontrer, bref, d'accomplir les tâches pastorales si importantes pour ma santé spirituelle.

Je suis aidé par un conseil économique, constitué d'experts financiers et juridiques. Ils ne sont pas là pour me surveiller, mais pour me donner des conseils sur la gestion et m'encourager. Le conseil vérifie que les dons sont d'abord au service de la pastorale et, si le recteur avait des projets pharaoniques, de les contrôler pour éviter la faillite financière. Aucune crainte à avoir, ce n'est pas le cas, la cathédrale lui suffit !

Mais le conseil a permis depuis mon arrivée l'éclairage dans les chapelles, la mise en place de la chapelle pour les Chinois, celle pour les Polonais, le spectacle « Dame de Cœur », les présentoirs en bois pour les bougies, les distributeurs modernisés des médailles à l'effigie de Notre-Dame, de la Vierge couronnée, des papes Jean-Paul II, Benoît XVI et François, la sonorisation modernisée, et tous ces travaux quotidiens qui montrent combien la cathédrale est toujours aussi belle et entretenue.

Entre deux rendez-vous, un membre du personnel n'hésite pas à venir me voir pour partager telle ou telle difficulté. Chacun sait que mon bureau est ouvert, mais chacun sait aussi que je respecte le travail de ses responsables ; la meilleure façon d'éviter la zizanie qui est l'œuvre du diable.

Comme dans toute entreprise, il y a des délégués du personnel, une instance importante qui me permet de sentir le climat social. Les élections sont organisées par les syndicats, et le patron ne doit pas trop montrer le bout de son nez… Les réunions se déroulent dans une bonne ambiance et, chaque fois que le recteur annonce une amélioration, les délégués lui en sont reconnaissants... Il est évident que la fatigue peut provoquer des tensions, mais nous sommes là pour désamorcer les bombes avant qu'elles n'explosent !

Là où il y a de l'homme, il y a de l'hommerie ! Le recteur prend alors le temps de recevoir, d'écouter et de détendre l'atmosphère ! Je n'ai pas une passion pour les conflits, mais, s'ils arrivent, il faut bien les affronter. C'est pourquoi j'aime « traîner » dans la cathédrale. J'ai toujours privilégié les contacts personnels, les mains tendues, un sourire, une attention pour chacun.

Il faut savoir encourager, surtout ceux qui sont à des postes délicats comme les surveillants. La législation ne leur permet pas d'arrêter un agitateur ou un pèlerin en extase mystique... c'est rare, mais tout peut arriver. Comme le dit le pape François, il faut se laisser surprendre.

Les surveillants sont là pour la bonne tenue de la cathédrale et, croyez-moi, ce n'est pas une mince affaire, surtout lorsque le nombre des visiteurs s'élève à plus de trente mille par jour, comme on l'a déjà dit. Certains touristes qui ont l'habitude de parler fort – leur culture, apparemment – ne perdent pas cette habitude lorsqu'ils entrent à Notre-Dame. Bien au contraire ! Oreillettes fichées dans leurs oreilles pour écouter le guide, appareil photo qui balaie on ne sait quoi, la casquette sur la tête et voulant sans doute partager leurs émotions, ils crient à leur voisin une parole qui ne nous est pas compréhensible... Vous avez beau dire : « Chut ! », aucune réaction ! Geste à l'appui : un peu plus de succès... Mais le résultat n'est pas terrible. Ils sont dans un autre univers et ne comprennent pas ce qui se passe dans une église. Il est sûr que c'est un travail usant pour les surveillants, mais aussi pour le recteur qui, le dimanche, afin de permettre aux fidèles d'assister à une liturgie qui les intériorise, essaie de calmer tous ces groupes qui entrent les uns après les autres. Il est vrai que, devant la chapelle qui les concerne, chinoise par exemple, ils se calment un peu, étonnés de se sentir chez eux !

Les personnels de l'accueil, du trésor et de la boutique contribuent à ce climat d'intériorité et de mystère. Ils doivent faire face à des questions de tout genre et en toute langue.

À la fois, il faut répondre au téléphone, distribuer les audiophones, consoler ceux qui sont perdus, calmer les mécontents – ça existe ! –, accompagner vers le confessionnal pour rencontrer un prêtre.

La cathédrale a été élue en 2018 par TripAdvisor premier site touristique où l'accueil est si apprécié. C'est grâce au travail de tous.

Il faut savoir répondre sans rire à des questions étonnantes, comme : « Où se trouve la goutte de lait sortie du sein de la Vierge Marie ? » ; ou bien : « La statue de la mère de Jeanne d'Arc est-elle ici ? » Ce qui est métaphysiquement impossible est possible dans l'Église !

Au fond de la cathédrale, une boutique propose des ouvrages sur Notre-Dame, des objets de piété, comme des chapelets, des médailles, des croix, des statues… Les touristes aiment emporter un souvenir de leur visite ; des fidèles n'hésitent pas à profiter de la boutique pour faire des cadeaux.

Naturellement, il m'est arrivé de recevoir une lettre me disant que je devrais chasser les marchands du Temple… comme le Christ ! Je réponds que la boutique est installée au fond de manière discrète et que les résultats financiers me permettent de payer les salariés et d'entretenir le lieu. En effet les recettes servent à prendre en charge les accessoires indispensables à la vie culturelle de Notre-Dame, comme la sonorisation, l'amélioration de l'accueil, le chauffage, l'électricité…

En revanche, tout ce qui est d'ordre cultuel est pris en charge par l'église. Les cierges, le denier, les quêtes, les dons sont nos recettes principales. Ce sont elles qui permettent, entre autres, de payer les salariés ainsi que les prêtres.

À strictement parler, les prêtres ne reçoivent pas de salaire ; ils ont des indemnités de ministère. Chaque prêtre reçoit la même indemnité, environ mille euros par mois, tout en étant logés et blanchis.

À Notre-Dame, nous avons deux cuisinières qui nous gâtent bien, l'une en semaine et l'autre le week-end. Nous sommes entre cinq et dix à table ; un beau moment sans téléphone portable où nous pouvons partager librement sur nos lectures, sur l'actualité ou sur nos recherches théologiques. Notre communauté sacerdotale nous soutient ; dix prêtres heureux, âgés de cinquante-deux à quatre-vingt-onze ans, qui prient ensemble, mais qui se retrouvent aussi pour une soirée théâtre, une soirée cinéma et une soirée visite de Paris en bateau-mouche ! Oui, il nous arrive de nous amuser comme des enfants.

Chaque mercredi, nous avons un conseil pour répartir les tâches pastorales et pour une réflexion sur des projets d'évangélisation. Mais avant tout, nous prions l'office du milieu du jour, puis la lecture de l'Évangile du dimanche et un partage pour préparer nos homélies.

Cette entente fraternelle rejaillit sur la cathédrale. Tous, nous aimons être là, notamment le week-end, pour rencontrer ces milliers de personnes. Voilà un endroit habité par la présence sacerdotale, et cela ne peut porter que des fruits. D'autant que nous avons des sensibilités différentes, et c'est tant mieux. Chacun apporte son expérience, et le recteur est là pour favoriser la communion. C'est elle en effet qui touche les pèlerins qui viennent prier dans ce haut lieu spirituel.

Dans la ligne du pape François, nous accueillons énormément de personnes qui ont le désir de remettre leur vie sous le regard miséricordieux du Seigneur. Le prêtre n'est pas là pour juger, mais pour à la fois aider un pénitent à accepter son histoire de péchés et le faire avancer vers la sainteté.

Le confessionnal n'est pas un lieu de torture psychologique, mais bien un espace où le cœur s'ouvre ; quelle grâce de pouvoir se laisser regarder ainsi par le Seigneur ! Attention, point de voyeurisme ; le pénitent ne doit pas confondre le thérapeute et le prêtre, et le confesseur ne peut pas se prendre pour un « psy », même s'il a quelques notions de psychologie !

La confusion des genres ne conduit à rien. Il me souvient d'avoir reçu une personne qui, à la fin de notre rencontre, m'a demandé combien elle me devait ; je lui ai dit : « Je vous rédige une ordonnance : deux *Ave* et trois *Pater*... » La direction spirituelle est gratuite, car c'est d'abord l'œuvre de Dieu, l'œuvre de la grâce. La médecine des âmes est aussi complexe que la médecine de la psyché ; nous nous intéressons aux consciences, aux âmes, aux cœurs, nous ne cherchons pas à dénouer les nœuds psychologiques ; les confions à Marie qui défait les nœuds. Il est vrai aussi que le prêtre peut orienter la personne vers un psychologue lorsqu'il perçoit un problème qu'il ne pourra pas résoudre.

À côté des prêtres et des salariés, il y a une vingtaine de bénévoles au service de l'accueil. Ils jouent un rôle essentiel : distribuer les feuilles de liturgie, accompagner les personnes handicapées, aider le fidèle à trouver une place libre, et tout cela avec le sourire et la gentillesse. Les bénévoles sont très sollicités car ils sont présents à chaque liturgie. Ils font partie de cette belle famille.

Je perçois mon rôle de patron comme un artisan de communion. Entre les salariés, les bénévoles, celles et ceux qui assurent la sécurité et le ménage, nous sommes une bonne centaine.

Un chef d'orchestre ? J'aurais bien aimé l'être, mais on ne peut pas tout faire ! Il est vrai que je donne le *la* et que je bats la mesure ; il y a parfois des cacophonies, mais le « Burex » est là pour les éviter. Je favorise plutôt les rapports humains. Certes, les courriels sont utiles pour poser des questions ou donner des réponses, mais l'excès de ces outils déshumanise ; l'écran fait écran, je l'ai déjà dit. Il faudra bien aider nos jeunes à une utilisation intelligente de tous ces écrans. L'apprentissage du discernement me paraît être une priorité pour que ces outils informatiques soient au service du travail.

Tous les mois, je regarde les bilans financiers, notamment par rapport au budget ; mais est-ce suffisant ? Car il y a un autre bilan beaucoup plus spirituel et qui nous échappe, c'est celui de la grâce. Le recteur ne cherche pas à faire du chiffre, que ce soit au niveau des finances ou au niveau des fidèles, ce n'est là qu'un baromètre ; certes, c'est encourageant pour tout le monde, mais, ce qui lui importe, c'est l'intériorité des fidèles qui favorise l'œuvre de la grâce.

Mes joies, c'est un jeune qui prend rendez-vous pour demander le baptême ; un touriste qui devient pèlerin et qui demande à être fiancé dans cette cathédrale où la Vierge lui a fait signe ; un jeune qui entend un appel du Seigneur ; un pécheur qui vit la joie du pécheur pardonné.

Mes joies, ce sont aussi ces multiples rencontres quand je circule dans la nef ; ce sont toutes celles et tous ceux qui travaillent à la beauté de notre cathédrale ; ce sont tous ces frères prêtres, qui viennent célébrer ici avec leurs fidèles. J'aime les prêtres, et j'ai toujours eu le souci de les accompagner spirituellement.

Mes joies, ce sont ces liturgies que je prépare pour que mon archevêque soit heureux ; mais ce sont aussi toutes les liturgies que je préside : vêpres, messes, processions, etc.

Si j'écris cette litanie, c'est pour vous montrer l'importance de l'équilibre « sacerdotal et patronal ». Mes collaborateurs proches le savent bien. C'est un pari à tenir ; il n'est jamais gagné. Mais cet équilibre maintient la forme.

Si les journées du recteur commencent à 7 h 30, elles ne s'achèvent pas à 19 heures ! Il y a les visites officielles, les réceptions dans les ambassades, les concerts à la cathédrale, les veillées spirituelles, les auditions d'orgue, les accompagnements spirituels et les moments trop rares pour voir la famille et les amis ; toutefois, je reste disponible pour eux tous.

Bienheureux, je le suis aussi quand je rentre chez moi pour dîner et me coucher.

« Et vos jours de congé, que faites-vous ? » Ils sont trop rares ! C'est de mon fait, évidemment ! Est-ce raisonnable ? Non, bien sûr ! En revanche, je pars un mois en été dans mon coin de Bretagne au Val-André où l'air iodé me ragaillardit. J'ai toujours été élevé en apprenant l'effort, la valeur du travail et de l'argent, mais c'était... dans les années 1960 !

Je commençais ce chapitre en vous disant que ce n'est pas toujours facile d'être prêtre et patron ; je conclus en vous confiant que c'est une véritable joie d'être prêtre et patron, à condition de ne pas séparer ces deux missions. C'est une question de chasteté pastorale, à savoir que la proximité que j'ai avec l'ensemble des salariés, c'est le côté pastoral, doit être égale à la distance instaurée pour préserver ma liberté, c'est le côté managérial. Cela se vit particulièrement dans les moments de convivialité, que ce soit à Noël, à la galette des rois ou au repas de fin d'année organisé par le personnel. C'est un barbecue dans le jardin du recteur – le pompier de service est posté juste à côté des grillades, non pour les déguster, mais pour éviter que la cathédrale ne s'enflamme. Tout le monde participe dans la joie et la détente. Des journalistes de France 2 étaient présents et ont apprécié de voir la face cachée de la cathédrale, découvrant la présence des laïcs et des prêtres qui d'ailleurs n'étaient pas les derniers à faire la fête...

## À la suite de Victor Hugo

Le jour de mes adieux à Saint-François-Xavier, je fus très gâté. Les paroissiens m'avaient offert une superbe statue représentant le Christ ressuscité montrant ses plaies. Mon équipe sacerdotale, le manuscrit de *Notre-Dame de Paris*, de Victor Hugo. Non, ce n'était pas l'original, mais un fac-similé merveilleux ! À travers ce manuscrit, on découvre le travail de l'écrivain. Le recteur a relu Hugo, notamment ce récit épique qui pourrait lui donner quelques idées pour l'animation du parvis.

Comme enseignant, j'ai commenté plus d'une fois quelques pages de ce grand visionnaire au vocabulaire si riche !

Attardons-nous, le temps d'un chapitre, sur celui qui m'inspire lorsque je suis sur le parvis de la cathédrale, contemplant cette façade magique.

Au début de janvier 1831, Hugo termine ce long roman. Il l'a écrit en six mois. Mais, durant trois ans, il avait beaucoup lu : chroniques, chartes, inventaires ; il avait exploré le Paris de Louis XI et ce qui en restait de ses vieilles maisons. Surtout, il connaissait à fond la cathédrale : ses escaliers en spirale, ses mystérieuses chambrettes de pierre, ses inscriptions anciennes et modernes. De ce roman, espérait-il, tout serait historiquement exact : le décor, les êtres, le langage.

En fait, si l'érudition était réelle, les personnages apparaissaient surréels, l'archidiacre, Claude Frollo, était un monstre ; Quasimodo, un de ces nains hideux à grosse tête dont fourmillait l'imagination hugolienne, et Esmeralda, une gracieuse vision plutôt qu'une femme.

Il y avait quelque chose de Victor Hugo en Claude Frollo, déchiré par la lutte entre le désir et le vœu de chasteté ; il y avait quelque chose de Pepita et d'Adèle en Esmeralda, brune avec ce reflet doré des Andalouses, ses yeux noirs et sa taille fine ; il y avait le thème essentiel pour Hugo, de la triple rivalité, autour de la bohémienne, de l'archidiacre, du sonneur bossu ; le lecteur, s'il connaît bien l'auteur, sent ces secrètes correspondances ; invisibles et puissantes, elles animent le roman.

Mais la véritable héroïne, c'est « l'immense église de Notre-Dame qui, découpant sur un ciel étoilé la silhouette noire de ses deux tours, de ses côtes de pierre et de sa croupe monstrueuse, semblait un énorme sphinx à deux têtes assis au milieu de la ville ». Comme en ses dessins, Hugo avait, en ses descriptions, le don d'éclairer fortement ses modèles et de projeter sur un fond clair d'étranges et noires silhouettes. Capable d'aimer ou de haïr des objets inanimés, il prêtait une vie extraordinaire à une cathédrale, à une ville.

Son roman n'est ni un livre catholique ni même un livre chrétien. Beaucoup furent choqués par cette histoire d'un prêtre dévoré de désir et sensuellement amoureux d'une bohémienne. En tête de son ouvrage, il avait écrit : *Anankè*… fatalité et non Providence ; « Vautour fatalité, tiens-tu la race humaine ? » Harcelé par les haines, blessé par les déceptions d'amitié, Hugo était prêt à répondre « oui ». Une force cruelle régnait sur le monde ; fatalité, le drame d'Esmeralda, fille innocente et pure, prise dans la toile des tribunaux ecclésiastiques; *Anankè* suprême, la fatalité intérieure du cœur humain!

Peut-être aussi, écho sonore de son temps, cédait-il à un anticléricalisme ambiant un : « ceci tuera cela… la presse tuera l'Église… toute civilisation commence par la théocratie et finit par la démocratie… », propos d'époque.

Lamartine lui a reproché : « C'est une œuvre colossale… c'est le Shakespeare du roman, c'est l'épopée du Moyen Âge… seulement c'est immoral par le manque de Providence assez sensible; il y a de tout dans votre temple, excepté un peu de religion. »

Qu'importe! Hugo donne la mesure de son imagination et de sa puissance verbale; il a le vocabulaire le plus répandu de notre langue, car il aime travailler les mots; il en utilise six mille! Pourquoi cette séduction du mot? Car il accroche l'oreille. Hugo fait preuve d'habileté; en effet il écrit son roman, puis il le saupoudre de mots; c'est ce qui donne de la couleur à ses poèmes.

Lire ou relire *Notre-Dame de Paris* pour nous faire découvrir ce Paris, grouillant et coloré, avec sa cour des Miracles peuplée de figures inquiétantes de truands et sa cathédrale dont la masse imposante s'anime d'une vie mystérieuse et fantastique : mélange du sublime et du grotesque, dans la personne de Quasimodo en particulier.

L'intrigue est simple; nous sommes en 1482, le poète Gringoire s'égare dans la cour des Miracles; menacé d'un mauvais sort, il doit son salut à une séduisante bohémienne, Esmeralda. L'archidiacre Frollo éprouve pour celle-ci une sinistre passion et a chargé le sonneur de Notre-Dame, Quasimodo, de s'emparer d'elle. Mais le capitaine Phœbus délivre la jeune fille qui s'éprend de son sauveur. Pour sa tentative de rapt, Quasimodo, qui est un monstre difforme, a été condamné au pilori : émue de pitié, Esmeralda lui donne à boire, et le malheureux conçoit pour elle un attachement passionné.

Cependant, Frollo assassine Phœbus et laisse accuser la bohémienne. Elle est amenée devant Notre-Dame pour y faire amende honorable. Quasimodo alors l'entraîne dans la cathédrale où elle jouira du droit d'asile. Mais les truands attaquent le lieu pour délivrer leur amie : ils sont repoussés par le sonneur. Je suis sûr que vous connaissez cette scène violente et grandiose où Quasimodo défend à la fois Esmeralda et sa cathédrale menacée par les gueux qui veulent la piller.

Comment ne pas partager avec vous quelques lignes du livre X, chapitre IV, à lire ou relire, assis sur le parvis, en fin de journée, au soleil couchant, donnant des couleurs de feu à la façade ?

« Qui eût pu voir Quasimodo en ce moment eût été effrayé. Indépendamment de ce qu'il avait empilé de projectiles sur la balustrade, il avait amoncelé un tas de pierres sur la plate-forme même. Dès que les moellons amassés sur le rebord extérieur furent épuisés, il prit au tas. Alors il se baissait, se relevait, se baissait et se relevait encore, avec une activité incroyable. Sa grosse tête de gnome se penchait par-dessus la balustrade, puis une pierre énorme tombait, puis une autre, puis une autre. De temps en temps il suivait une belle pierre de l'œil, et, quand elle tuait bien, il disait : Hun ! »

Victor Hugo, par le rythme du vocabulaire donne le mouvement, et on imagine l'agitation de Quasimodo ! Le gnome cruel qui crie victoire après avoir tué un des assaillants ; mais il est seul contre tous et il entend les grandes portes du portail central craquer sous l'effet d'un bélier.

« Les gueux ne se décourageaient pas. Déjà plus de vingt fois l'épaisse porte sur laquelle ils s'acharnaient avait tremblé sous la pesanteur de leur bélier de chêne multipliée par la force de cent hommes. Les panneaux craquaient, les ciselures volaient en éclats, les gonds à chaque secousse sautaient en sursaut sur leurs pitons, les ais se détraquaient, le bois tombait en poudre broyé entre les nervures de fer. Heureusement pour Quasimodo, il y avait plus de fer que de bois. »

Prenons le temps de regarder les portes de la cathédrale ; Hugo les avait bien vues ; la description qu'il en donne montre qu'il les connaissait ! Le Hugo visionnaire souligne à travers son texte la force de Notre-Dame.

Ultime défense, Quasimodo organise des coulis de plomb fondu qui tombe sur les assaillants : « Tout à coup, au moment où ils se groupaient pour un dernier effort autour du bélier, chacun retenant son haleine et raidissant ses muscles afin de donner toute sa force au coup décisif, un hurlement plus épouvantable encore que celui qui avait éclaté et expiré sous le madrier s'éleva au milieu d'eux. Ceux qui ne criaient pas, ceux qui vivaient encore, regardèrent. Deux jets de plomb fondu tombaient du haut de l'édifice au plus épais de la cohue. Cette mer d'hommes venait de s'affaisser sous le métal bouillant qui avait fait aux deux points où il tombait deux trous noirs et fumants dans la foule, comme ferait de l'eau chaude dans la neige. On y voyait remuer des mourants à demi calcinés et mugissant de douleur. Autour de ces deux jets principaux, il y avait des gouttes de cette pluie horrible qui s'éparpillaient sur les assaillants et entraient dans les crânes comme des vrilles de flamme. C'était un feu pesant qui criblait ces misérables de mille grêlons. »

Tout Hugo est là ! Nous voyons s'animer la cathédrale devenue vivante, agitée, et l'auteur achève son récit par une vision : « Tous les yeux s'étaient levés vers le haut de l'église. Ce qu'ils voyaient était extraordinaire. Sur le sommet de la galerie la plus élevée, plus haut que la rosace centrale, il y avait une grande flamme qui montait entre les deux clochers avec des tourbillons d'étincelles, une grande flamme désordonnée et furieuse dont le vent emportait par moments un lambeau dans la fumée. »

Je m'arrête là ! Mais il faut relire cette histoire et venir à Notre-Dame. Il y a d'ailleurs des jeunes étudiants qui ont parfois ce roman au programme de leurs concours et qui demandent une visite de la cathédrale « à la Hugo ». Il faut que les pierres bougent, et la langue de ce grand romancier y aide.

Merci, Victor Hugo, d'avoir attiré les regards sur cette cathédrale qui était bien abîmée par les années et le manque d'entretien. Il n'était pas le seul à dénoncer ce scandale. N'est-ce pas la mission du poète que de raviver notre patrimoine ? Parcourant la préface des *Odes et Ballades*, j'ai relevé : « C'est surtout à réparer le mal fait par les sophistes que doit s'attacher aujourd'hui le poète. Il doit marcher devant les peuples comme une lumière et leur montrer le chemin [...] il ne sera jamais l'écho d'aucune parole, si ce n'est celle de Dieu. Il se rappellera toujours ce que ses prédécesseurs ont trop oublié, que lui aussi il a une religion et une patrie. Ses chants célébreront sans cesse les gloires et les infortunes de son pays, les austérités et les ravissements de son culte, afin que ses aïeux et ses contemporains recueillent quelque chose de son génie et de son âme, et que, dans la postérité, les autres peuples ne disent pas de lui : "Celui-là chantait dans une terre barbare". »

À travers ces lignes, comment ne pas voir notre cathédrale, image de notre patrie et de notre histoire ?

Et dans « Les Rayons et les ombres » :

*C'est lui qui, malgré les épines,*
*L'envie et la dérision,*
*Marche, courbé dans vos ruines,*
*Ramassant la tradition.*
*De la tradition féconde*
*Sort tout ce qui couvre le monde,*
*Tout ce que le ciel peut bénir.*

*À la suite de Victor Hugo*

*Toute idée, humaine ou divine,*
*Qui prend le passé pour racine*
*A pour feuillage l'avenir.*

*Il rayonne ! Il jette sa flamme*
*Sur l'éternelle vérité !*
*Il la fait resplendir pour l'âme*
*D'une merveilleuse clarté !*
*Il inonde de sa lumière*
*Ville et désert, Louvre et chaumière,*
*Et les plaines et les hauteurs ;*
*À tous d'en haut il la dévoile ;*
*Car la poésie est l'étoile*
*Qui mène à Dieu rois et pasteurs !*

# Le mécénat

Déjà, en 1825, notre auteur romantique publiait un pamphlet « sur la destruction des monuments en France » dans lequel il dénonçait la disparition des monuments médiévaux ; grâce à son roman *Notre-Dame de Paris*, il a réveillé les autorités publiques pour sauver la cathédrale. Dans un de ses articles, « Halte aux démolisseurs », dans lequel il énumère toutes les démolitions qu'il a pu constater, il conclut : « Il serait temps enfin de mettre un terme à ces désordres, sur lesquels nous appelons l'attention du pays. Quoique appauvrie par les dévastateurs révolutionnaires, par les spéculateurs mercantiles et surtout par les restaurateurs classiques, la France est riche encore en monuments français. Il faut arrêter le marteau qui mutile la face du pays. Une loi suffirait ; qu'on la fasse. Quels que soient les droits de la propriété, la destruction d'un édifice historique et monumental ne doit pas être permise à ces ignobles spéculateurs que leur intérêt aveugle sur leur honneur ; misérables hommes, et si imbéciles qu'ils ne comprennent même pas qu'ils sont des barbares ! Il y a deux choses dans un édifice : son usage et sa beauté. Son usage appartient au propriétaire, sa beauté à tout le monde ; c'est donc dépasser son droit que le détruire. Une surveillance active devrait être exercée sur nos monuments. » Agissant par la force de son livre, Hugo s'affiche comme le premier des restaurateurs de ce vieux Paris, et plus particulièrement de Notre-Dame.

En effet, elle était en très mauvais état, et ce sont Eugène Viollet-le-Duc et Jean-Baptiste Lassus qui se lancèrent dans cette grande restauration.

On doit beaucoup à Viollet-le-Duc : la réfection du système d'écoulement des eaux, le remplacement des pierres malades, la restitution du portail ouest dans son état primitif, le remplacement de la statuaire disparue de la galerie des Rois, la restauration des arcs-boutants du chevet, la flèche qui réapparaît avec les statues des apôtres en cuivre repoussé de trois mètres de haut, œuvre de Geoffroy-Dechaume. Comment ne pas évoquer la restauration de la statuaire ? Viollet-le-Duc veut donner une image de la cathédrale du XIII^e^ siècle, peuplée de créatures fantastiques comme les chimères, les stryges, les boucs, les éléphants et les aigles, les chats et les êtres composites mi-hommes mi-bêtes qui se mêlent aux végétaux. Comment ne pas évoquer la construction de la sacristie achevée en 1853 et qui est aujourd'hui bien fatiguée ?

Cent soixante-cinq ans après, le poids des ans se faisait sentir, et il était temps de nous y mettre ; dans le jardin du chevet, les pierres tombées et numérotées se retrouvent sous un hangar de fortune en attendant les mécènes qui leur redonneront leur place !

Quelles sont les priorités ? La flèche et les arcs-boutants.

Restons alors quelques instants sur la flèche de Notre-Dame. Il faut situer vers 1250 la construction de la première flèche ; en 1792, à cause de l'usure, on décide de la détruire. C'est donc Viollet-le-Duc qui la fait reconstruire ; cette flèche s'élève à quatre-vingt-dix mètres au-dessus du sol ; inaugurée en 1859, elle a connu une restauration durant les années 1933-1935. À cette occasion, on a descendu le fameux coq. Dans les chroniques du chapitre des chanoines, on peut lire : « Pourquoi les coqs, eux aussi, ne prendraient-ils pas quelque repos ? Celui de Notre-Dame de Paris que Viollet-le-Duc avait placé sur la flèche en avait grand besoin. Une de ses ailes était tombée. Il prit deux mois de repos. Puis le 26 octobre, il a retrouvé son perchoir. Auparavant, le cardinal Verdier le bénit, puis déposa dans son corps tout de cuivre doré un tube de plomb renfermant des reliques de saint Denys, premier évêque de Paris, de sainte Geneviève, patronne de la ville, et une parcelle de la Sainte Couronne d'épines. » J'imagine mon émotion quand j'irais chercher le coq ! Heureusement je n'ai pas trop le vertige, et il y aura un ascenseur. Au moment où j'écris ces lignes, l'échafaudage se construit. Cinq cents tonnes vont malheureusement cacher une partie de notre chef-d'œuvre du Moyen Âge. Les reliques seront installées dans la cathédrale en attendant la fin des travaux.

Il a fallu descendre les statues pour les y exposer également, car elles aussi attendent un bon lifting.

Comme je suis heureux de voir combien les fidèles sont attachés à leur cathédrale, et pas uniquement des Parisiens ! L'entretien du patrimoine coûte cher ; alors, où trouver l'argent ? Notre-Dame appartient à l'État, et c'est donc la DRAC (Direction régionale des affaires culturelles) qui est chargée de conduire la politique culturelle dans la région. Je tiens tout d'abord à dire que la cathédrale est bien soignée. Il y a une attention particulière de la Direction Île-de-France qui depuis des années investit.

Marie-Hélène Didier, conservatrice à la DRAC, supervise la restauration des objets pieux et des reliques ; elle est bien présente, car amoureuse de sa cathédrale. Dominique Cerclet, conservateur général du patrimoine, conduit les travaux. Tous les ans, l'État investit deux cent mille euros. De surcroît, nos rapports avec eux sont excellents : confiance et travail en toute intelligence.

En arrivant, en septembre 2016, je n'aurais pas tenu les propos de Victor Hugo, car Notre-Dame tient debout ! Mais il m'a semblé que c'était le moment, après avoir entendu l'architecte des bâtiments de France, Philippe Villeneuve, de s'atteler à une nouvelle campagne de restauration. À la grande différence de celle de Viollet-le-Duc, l'église, c'est-à-dire la cathédrale, s'est engagée à participer financièrement à ce beau projet. Le coût s'élève à cent cinquante millions ! Il nous faudra donner soixante millions ; mais surtout les trouver !

Une convention se profile, et si l'Église a les paroles de la vie éternelle, l'administration de l'État, elle, prend son temps !

Mais le jour J arrivera enfin ! Le cardinal, l'économe diocésain, la communication et moi-même avons été convoqués à l'Élysée pour rencontrer le président Hollande et le ministre de la Culture.

Nous avons signé un accord tout simple : si la cathédrale donne un euro, l'État donne un euro... jusqu'à hauteur de deux millions et demi par an ! Ce qui fait, si je ne me trompe pas, cinq millions.

Nous nous sommes ensuite retrouvés dans le jardin où nous avons siroté notre jus d'orange... Il faut dire que François Hollande quittait son palais deux jours après.

En nous saluant sur le perron de l'Élysée, le Président nous a souhaité bon courage pour la recherche des fonds ; je lui ai répondu qu'il me restait à faire la danse du ventre... « Vous devez savoir faire ! », me répondit-il. Y croyait-il vraiment ? En tout cas, en un an, le mécénat mis en place en France et aux États-Unis a rapporté, pour l'année 2018, plus de trois millions... Pari réussi, mais ce n'est qu'un début, continuons le combat !

C'est pourquoi, fort de cette réussite, les travaux commencent pour une durée d'au moins cinq ans ; en même temps, nous allons consolider les arcs-boutants, dont certains sont très abîmés. Tous ces travaux sont confiés à des spécialistes, à des compagnons du devoir.

Là encore, le recteur est le chef d'orchestre ! J'ai mis en place une équipe qui cherche les mécènes en France et aux États-Unis.

Pourquoi les États-Unis ? Tout simplement parce qu'ils aiment la cathédrale, symbole de notre histoire, y voyant toutes les racines chrétiennes de la France. Ne parlant pas un mot d'anglais, je choisis le langage des signes : le sourire, les mains tendues et parfois même un petit baiser ! Lors d'un de mes séjours rapides, une Canadienne m'a dit : « Vous êtes Notre-Dame », et elle m'a embrassé ; je lui ai répondu que « je n'étais que le recteur » ; « Qu'importe, a-t-elle ajouté, je vous embrasse une nouvelle fois ! »

Pas toujours facile d'être le recteur de Notre-Dame !

Une tournée à New York, Washington et Boston s'organise. Il s'agit de rencontrer de généreux donateurs autour d'une bonne table.

Encore une fois, pourquoi aller chercher l'argent chez nos amis américains ? Il me semble important de renforcer nos liens d'amitié entre nos deux pays, la cathédrale étant un lieu où la paix se construit.

Le fisc américain est beaucoup plus généreux que le nôtre ! En effet, les donateurs peuvent déduire 100 % de leurs dons de leurs impôts.

Il est sûr que c'est un investissement important pour le recteur, les journées n'ont que vingt-quatre heures ! Il me faut répondre à chaque donateur, que ce don soit de cinq mille ou de cent mille euros. Il me faut recevoir, faire des visites de la cathédrale, du chœur à la charpente, que nous appelons « la forêt », pour les plus valides. Remarquez, mon médecin me demande de faire du sport ; je le fais dans les escaliers où je ne trouve ni Quasimodo ni Esmeralda ! Comme ancien professeur, c'est toujours une joie de partager mes passions. J'aurai l'occasion de revenir sur ces visiteurs exceptionnels et attachants.

Certains me disent : « Pourquoi ne pas faire payer l'entrée de la cathédrale ? Ce serait si simple pour vous ; d'ailleurs, Stéphane Bern a fait un jour cette proposition dans les médias. » La réponse de l'Église fut claire et la mienne avec ! En effet, je suis monté au créneau pour défendre la gratuité de ce lieu. J'ai reçu Stéphane Bern et nous avons pu parler librement ; il a vu que Notre-Dame était une cathédrale vivante et non un musée. Que les fidèles sont très nombreux et que la sélection à l'entrée ne serait pas si simple entre chrétiens voulant prier et touristes. Bref, mon ami Stéphane a twitté suite à notre rencontre : « Le recteur de Notre-Dame est un homme de conviction, mais aussi de dialogue. »

Revenons, si vous le voulez bien, sur la gratuité de nos cathédrales.

Mon premier argument : Notre-Dame est un lieu de grâce ; et qui dit grâce dit gracieux et gratuit. Le ticket vendu à la porte change l'attitude du cœur. Vous entrez dans un musée ; certes, il peut y avoir une émotion esthétique, mais elle ne provoquera pas une rencontre avec l'Invisible. Il y a quelques mois, je suis allé visiter les cathédrales d'Avila, de Salamanque et de Ségovie ; l'entrée est payante, sauf pour le clergé ! Bienheureux col romain qui m'a permis d'entrer gratuitement mais qui ne m'a pas ouvert les portes de la sacristie pour célébrer la sainte messe. Aucune présence sacerdotale, mais un guichet à l'accueil avec distribution d'audioguides.

L'entrée payante invite à une visite culturelle, non à une rencontre avec le Maître des lieux. Un lieu de grâce qui touche les cœurs, c'est pourquoi le visiteur peut rencontrer Celui qui vient le visiter. La cathédrale est belle, mais ce qui la rend plus belle, ce sont les pierres vivantes, celles qui viennent se recueillir devant la Vierge ou aux chapelles du Saint-Sacrement et de la Couronne d'épines. Un lieu de grâce, car Dieu touche les cœurs, et c'est ainsi que le touriste devient pèlerin.

Le deuxième argument : la cathédrale est vivante. Plusieurs célébrations quotidiennes : quatre messes, les vêpres suivies par KTO, les messes de pèlerinage, sept heures par jour pour accueillir et offrir le sacrement de miséricorde, sans oublier les multiples célébrations diocésaines et tout ce qui est imprévu ! Car l'archevêque dans sa cathédrale peut, comme bon lui semble, célébrer ou convoquer ses diocésains pour leur faire une conférence spirituelle. Faire de la cathédrale un musée supposerait de réduire les horaires des célébrations qui participent à la grâce du lieu.

Permettez-moi de citer le cardinal André Vingt-Trois préfaçant l'ouvrage sur la cathédrale Notre-Dame de Paris : « Les célébrations liturgiques ne sont pas une activité plus ou moins exotique que viennent observer avec curiosité les visiteurs. La liturgie est la respiration même et le foyer du programme d'animation de tout sanctuaire. En prenant les moyens de déployer la vie liturgique à Notre-Dame, nous ne cherchons pas à créer une ambiance ou à proposer un produit culturel original. Nous offrons gratuitement le Christ vivant, d'abord pour les croyants, en sachant que, par surcroît, l'œuvre du Christ viendra donner à penser, à croire, à aimer, à voir et à espérer à tous ceux qui passent. Le plus souvent, dans les visites, il faut payer avant de voir. Nous voulons qu'à Notre-Dame chacune puisse recevoir sans rien payer. Nous voulons que la cathédrale soit vivante de la vie de Dieu. »

Le troisième argument qui n'est pas des moindres : comment distinguer le touriste du fidèle ? Par l'appareil photo ? Mais le touriste peut être aussi un bon fidèle !

Écoutons une nouvelle fois le cardinal Vingt-Trois : « Qui sont ces gens qui, par dizaines de milliers, font chaque jour le détour pour entrer à Notre-Dame ? Sont-ils pèlerins, touristes, visiteurs, ou simples passants ? Si certains viennent pour une démarche explicite de foi chrétienne ou une visite spirituelle [...], il est clair qu'il n'en est pas de même pour tous. Cependant, la mission que le Christ nous a confiée nous interdit de vider *a priori* quelque visite que ce soit d'un contenu spirituel. Il nous revient d'accueillir chaque visiteur au nom du Seigneur et de lui offrir en partage quelque chose de la vie de Dieu. »

Il est donc impossible de faire payer les fidèles qui souhaitent une rencontre avec leur Seigneur. On me rétorque que, en Italie ou en Espagne, il faut payer ; mais n'oublions pas que les cathédrales y appartiennent à l'Église et qu'il lui faut les ressources nécessaires pour les entretenir. Malheureusement, force est de constater que ces cathédrales sont devenues exclusivement touristiques ! Quant à moi, je préfère le mécénat pour aider l'État à entretenir la nôtre.

Le quatrième argument s'appelle l'accueil. Nous avons nos habitués qui, près d'une bouche de chaleur, se réchauffent. Dans la journée, tous ces pauvres de la rue trouvent refuge dans nos églises, et la cathédrale doit garder cette belle tradition. L'Hôtel-Dieu construit par l'Église est là pour nous le rappeler. Il y a toujours eu à côté de Notre-Dame des hôpitaux de la charité ; même si l'Hôtel-Dieu est exclusivement aujourd'hui un hôpital, la charité doit toujours être présente. Pour autant, la cathédrale n'est pas envahie par les SDF, mais ils savent que, si le froid est là, ils peuvent venir y chercher cette chaleur humaine.

Le cinquième argument est de taille, il est économique. Si l'entrée est à vingt euros, les visiteurs vont-ils alors participer à la vie de la cathédrale par leurs offrandes, car les recettes des entrées seront pour l'État ?! Je serai donc obligé de licencier une bonne partie du personnel et par le fait même de réduire toute l'activité pastorale qui fait de Notre-Dame un lieu de grâce.

Le sixième et dernier argument, c'est la loi de 1905 qui autorise l'Église affectataire à organiser sa pastorale comme elle l'entend.

Une nouvelle fois, ne jouons pas à Don Camillo et Peppone. Je préfère une collaboration intelligente à un conflit politique qui n'apporte rien. La cathédrale est un lieu de paix tout comme son recteur est un homme de paix. C'est pourquoi j'ai proposé de travailler avec Stéphane Bern pour la sauvegarde de notre patrimoine qui est notre passion commune.

Le mécénat me semble être la meilleure solution, même si elle demande beaucoup d'efforts. Mais que ne faut-il pas faire pour sauver une cathédrale ?

En effet, je partis ce 2 octobre 2018 en la fête des Saints Anges gardiens pour rejoindre Roissy où m'attendait l'économe diocésain : direction New York. Stressé ? Non ! Même si je n'ai pas une passion pour l'avion ; je préfère avoir les pieds sur terre, comme d'ailleurs en spiritualité. Nous arrivons à midi à l'hôtel, déjeuner rapide et préparation pour ce premier dîner-gala où Notre-Dame sera le cœur des conversations. Auparavant, j'arpente le quartier de Broadway ; quel monde ! Je me sens écrasé par ces buildings inhumains ; heureusement, les publicités multicolores et lumineuses nous rappellent que nous sommes dans le quartier des comédies musicales, des concerts et autres divertissements. Cependant, je ne suis pas à New York pour chanter mais pour partager ma passion pour cette Belle Dame de huit cent cinquante-cinq ans. En soutane filetée, je m'achemine vers la résidence de Mme la consule générale. Elle a la délicatesse de nous recevoir dans sa résidence pour ce premier repas qui rassemble quelques mécènes américains. Tout est réglé à la minute près.

À 18 heures, nous sommes en haut de l'escalier pour accueillir les potentiels donateurs. L'apéritif convivial permet de faire connaissance ; ne parlant pas l'anglais, je me contente de sourire et de les remercier de leur présence. Dieu merci, certains parlent notre langue, et je me sens moins seul ; mais ne perdons pas de temps ! À 19 h 15, nous entrons dans cette magnifique salle transformée en salle à manger et c'est Mme la consule qui ouvre le bal ! Puis elle me donne la parole. Voici le discours que j'ai prononcé et qui fut traduit par le responsable de la communication : « C'est une véritable joie pour le recteur de Notre-Dame de Paris de se trouver à New York pour partager avec vous ma passion pour cette cathédrale toujours aussi dynamique.

« Lorsque je suis arrivé, il y a deux ans, j'ai été impressionné par l'état de dégradation, notamment de la flèche, du chevet, des gargouilles et des arcs-boutants qui maintiennent le chœur de Notre-Dame. J'ai senti comme un appel à entreprendre ces travaux. Rapidement, j'ai signé un accord avec l'État français et me suis engagé à prendre en charge une partie de la restauration. De nombreux Français participent déjà au mécénat, et j'en rends grâce. La cathédrale est le monument parisien le plus visité, un lieu de grâce où touristes et fidèles peuvent faire une expérience spirituelle. J'aime dire que le touriste en sortant peut devenir pèlerin.

« Notre-Dame récapitule l'histoire de la France [...], elle est aujourd'hui encore un lieu de communion où les Français, chrétiens ou non, aiment se retrouver pour confier leur peine, car c'est un lieu de paix.

« Je sais combien les Américains sont attachés à cette cathédrale qui récapitule notre amitié. Que de fidèles américains aiment venir prier, écouter notre Maîtrise et nos orgues. C'est toujours une joie de les saluer et de les remercier de leur présence, signe de cette communion entre nos deux pays. J'ai eu l'occasion de le dire à votre première dame et à vos ambassadeurs. La cathédrale, par son histoire, n'est pas uniquement celle des Parisiens ni celle des Français ; elle appartient au monde grâce à son rayonnement. C'est ainsi que Notre-Dame est aussi votre cathédrale, car elle est là pour signifier l'amitié entre nos deux nations.

« Sachez que vous serez toujours les bienvenus pour une visite privée afin que je vous fasse découvrir, non pas Quasimodo, mais les trésors millénaires qui font aussi l'âme de notre cathédrale.

« Au nom de l'archevêque de Paris, je vous remercie de votre présence si importante pour que Notre-Dame puisse continuer sa mission de paix. Que la Vierge couronnée protège votre si belle nation. »

Applaudissements, et le dîner commence ; assis à la droite de notre hôte, nous devisons sur le patrimoine, Stéphane Bern et le Grand Palais… Mon autre voisin, un banquier français mais vivant à New York, m'explique qu'il est passionné de cathédrales, mais qu'il n'est jamais ressorti pèlerin, faisant écho à mon discours ; de religion juive, il est sensible à l'Invisible, au Transcendant, au Tout-Autre, mais ne pense pas être croyant ! Voilà un beau poisson. Nous avons surtout parlé de la foi, du bon Dieu, et trop peu du mécénat ; ça commence ainsi, je ne peux m'empêcher d'être pasteur !

Puis, avant le plat principal, une présentation de la cathédrale avec film à l'appui, la caméra montre l'usure du temps et l'urgence des travaux. Peu de questions… alors nous passons au dessert, une tarte tatin ; rien d'original pour un Français mais, au pays du fast-food, une note normande arrosée d'un Veuve Clicquot. Les futurs mécènes sont restés jusqu'à la fin du repas, ce qui est bon signe ; ils sont repartis avec les documents les incitant à faire un don généreux.

Je salue tous les invités, remercie la consule générale et rejoins mon hôtel. Il faudra attendre quelques jours pour savoir si Notre-Dame a touché les cœurs.

Le lendemain, après un petit déjeuner copieux, ma matinée étant libre, je suis allé à la découverte de ce quartier, aux rues longues et bruyantes : pompiers, ambulances, voitures de police, embouteillages, chacun klaxonne pour se défouler, mais le surplace est toujours là.

Me voici à Central Park, au milieu des joggeurs, des chiens qui font leur promenade matinale et des écureuils qui ne sont pas effrayés par les touristes peu nombreux à cette heure-là. Entouré par tous ces gratte-ciel qui vous donnent le tournis, je poursuis ma route en allant à Saint-Patrick, la cathédrale concurrente. Quelques visiteurs découvrent le lieu ; quant à moi, je prie devant la relique exposée de mon saint patron. Saint Louis et la « petite Thérèse » y ont leur chapelle. Tout est blanc, peut-être trop blanc ; en revanche, peu de bruit, car les visiteurs sont nettement moins nombreux qu'à Notre-Dame.

L'après-midi je serai reçu par la direction du MET, le « Louvre américain » – The Metropolitan Museum of Art. Avec l'équipe du mécénat, nous aurons un entretien sur leur façon de récolter des dons : deux cents millions par an pour la vie du musée et ses expositions ; une équipe de quarante salariés… par rapport à eux, nous sommes petits ; on ne recherche actuellement que cent cinquante millions pour quelques années, et notre équipe est constituée de trois personnes avec un « board » un peu plus musclé ! Mais, avec délicatesse, la responsable du mécénat nous encourage, c'est un bon début ! Puis ce sera le temps de la visite du musée : que de merveilles, notamment l'exposition sur les vêtements sacerdotaux du Vatican ; là encore, mon côté chauvin se réveille… À la cathédrale, nous avons aussi de très belles chapes et chasubles qui feraient rêver plus d'un cardinal de la Sainte Église.

Il est sûr que la mentalité américaine est très ouverte au mécénat. Cela fait partie de sa tradition ; que de fondations à New York ! La nôtre s'ajoute à la cinquantaine déjà existante, mais il y a aussi la dimension du partage : tout le monde est prêt à nommer tel mécène qui pèse lourd – on ne cache pas sa fortune aux États-Unis pour aider tel projet.

En repartant *pedibus cum jambis*, je me mets à rêver ! Il faut dire que j'aime tellement la cathédrale… et si on nettoyait aussi les chapelles encore bien sales du déambulatoire… ? Et si… ? Je viens d'arriver à l'hôtel plein d'espérance.

Le lendemain, le troisième jour, je me prépare pour reprendre l'avion ; j'ai déjà la nostalgie de Notre-Dame ; d'ailleurs, elle m'attend pour la vénération de la Couronne d'épines, pour les ordinations diaconales, les adoubements des chevaliers du Saint-Sépulcre dont je fais désormais partie, les vêpres orthodoxes et l'imposition du pallium à notre archevêque par le nonce apostolique. Un week-end chargé qui me fait oublier le décalage horaire.

Le prochain séjour sera sans doute Washington et, pourquoi pas, la côte est ; je mesure le travail de mon équipe pour organiser de telles rencontres ; ils sont motivés, et je les en remercie.

# Nos hôtes de marque

Un dimanche matin de juillet au cours de la messe de 10 heures, mon regard fut attiré par une délégation américaine qui souhaitait visiter Notre-Dame. Elle était constituée essentiellement d'hommes de sécurité là pour envisager une visite officielle de la première dame des États-Unis. Le chargé de communication, les accompagnait discrètement pour délimiter le parcours ; quant à moi, je poursuivais la sainte liturgie. Ces officiers repartirent sans tambour ni trompette, même si la voiture blindée de l'ambassade était escortée par une voiture de police.

Le 11 juillet au soir, on nous confirma l'arrivée de Mme Trump accompagnée de Mme Macron le 13 à 16 heures. La veille, nous fîmes une répétition générale sous haute sécurité. Les responsables, tant français qu'américains, me demandèrent de tracer exactement le parcours, pas un mètre de plus ! Avec eux, je repérai les dalles pour visiter la chapelle de la Pietà, entendre les orgues et vénérer la Couronne d'épines. De nombreuses questions se posaient : fallait-il fermer Notre-Dame pendant la visite ? Le recteur allait-il parler anglais ? Serait-il accompagné ? Et, si oui, par qui ? Combien de temps durerait la visite ? Y aurait-il des escaliers ?

La répétition terminée, je me replongeais dans mes notes et invoquais l'Esprit-Saint afin d'être en capacité de toucher les cœurs en un temps sans doute très rapide.

Le lendemain, le jour J à 12 h 30, après la messe, fermeture de la cathédrale et arrivée des chiens pour le déminage de Notre-Dame. Ces beaux chiens s'engouffrent plus rapidement que les pénitents dans les confessionnaux ; ils font une station respectueuse devant chaque chapelle tandis que des hommes de la sécurité lourdement armés grimpent à la tribune. L'État français a demandé que la cathédrale reste ouverte jusqu'à la mi-nef ; une nouvelle fois, je montre aux gardes du corps le parcours de la visite, et il nous faut attendre l'arrivée des deux cortèges officiels.

Le recteur est bien fouillé ; ça sonne près des poches… c'est mon chapelet qui fait des siennes !

Après l'arrivée de Mme Macron, nous attendons Melania Trump. Impossible de m'approcher de notre première dame ; on m'avait placé au bas des marches du chœur près de la Vierge couronnée, et je devais attendre l'entrée simultanée des deux dames.

Il est 16 heures. Les portes s'ouvrent, les orgues jouent, et le recteur s'approche enfin pour leur souhaiter la bienvenue au nom du cardinal-archevêque de Paris. La visite commence par la Vierge du Pilier, et, pour détendre l'atmosphère, je m'adresse ainsi aux deux premières dames : « Nous commençons la visite en saluant la première dame du monde. » Et Melania, souriante, me dit : « J'aime bien la Sainte Vierge » – ça tombe bien, elle est chez elle !

Nous poursuivons la visite en longeant le chœur et admirons les représentations du Christ ressuscité. Je m'arrête quelques instants sur la première apparition à Marie-Madeleine et je me surprends à parler latin : *Noli me tangere !* « Ne me retiens pas ! » En effet, la sainte femme voulait garder pour elle le Ressuscité… Brigitte Macron s'émerveille d'entendre le recteur parler latin, je lui confie que j'ai été comme elle professeur de lettres classiques... Nous sommes faits pour nous entendre !

Devant la Pietà, je rappelle les grands événements de notre histoire qui se sont déroulés au cœur de notre cathédrale ; puis nous saluons l'organiste de chœur, Yves Castagnet, cependant que les grandes orgues se mettent à jouer grâce à l'un de nos grands titulaires, Olivier Latry. Moment de pur bonheur ; nous contemplons ensuite les trois rosaces et nous nous arrêtons sur celle du fond qui nous met en marche... vers le Royaume !

Enfin, c'est le temps de la vénération de la Sainte Couronne, tant attendue par Mme Trump. Je revêts la chape rouge ; c'est toujours un moment solennel. Melania est très émue, à tel point que l'épouse de notre président souhaite vénérer elle aussi la sainte relique.

La visite s'achève devant la Vierge couronnée ; Melania met deux bougies après avoir donné une offrande dans le tronc. Temps de silence et de prière, les yeux fermés, Mme Trump reste debout... Pendant ce temps, Mme Macron signe le livre d'or ; elle est rejointe par la première dame des USA qui signe à son tour ; remise des cadeaux qui ne doivent pas dépasser vingt-cinq euros, selon le protocole.

La seconde partie de Notre-Dame est pleine de touristes et de fidèles ; nos deux invitées de marque les saluent de loin.

Nous ne sommes pas montés à la tribune, faute de temps et à cause des chaussures à talons... Les cortèges officiels commencent à se mettre en branle ; je les accompagne jusqu'au seuil du portail Saint-Étienne. Aucun incident, visite détendue et spirituelle comme je les aime. Les journalistes très nombreux voulurent ensuite recueillir mes impressions : « Qu'a dit Mme Trump à la Vierge Marie ? » Je leur réponds que « c'est le secret entre la Mère de Dieu et Melania»... Cela fait partie du mystère de la cathédrale... Un de plus, c'est là sa richesse.

Un matin, je reçus un appel d'un vicaire général me demandant d'accueillir le secrétaire général de la Ligue islamique mondiale, Mohammed al-Issa. Ce dernier avait été reçu la veille au Vatican par le pape François et avait exprimé son désir de visiter notre cathédrale. La sécurité était moins imposante et je pus accueillir le cortège officiel sur le parvis devant le porche central. Deux grandes Mercedes blanches escortées par des motards sont arrivées «discrètement»; la télévision d'Arabie Saoudite était là pour suivre la visite. En grande tenue, accompagné de sa suite, nous fûmes dans le chœur où je rappelai l'histoire de France liée à la religion catholique. De temps en temps, les journalistes nous posaient quelques questions : «Qu'est-ce que cela vous fait de recevoir le secrétaire général?» Et de répondre à la manière d'un diplomate : «Heureux de pouvoir poursuivre le dialogue qu'il a eu avec le Saint-Père!» Quant au secrétaire général, il a assuré que sa religion était celle de la tolérance et de l'ouverture aux autres religions. J'en profitai alors pour faire une catéchèse sur l'homme créé à l'image de Dieu. Sur le salut de tout homme sans exception, puisque le Christ était l'unique Sauveur. L'interprète a traduit mes propos! La visite a duré deux bonnes heures au cours desquelles nous avons eu un dialogue enrichissant.

À la fin de la visite, ce visiteur de marque a lui aussi signé le livre d'or... une page entière où il a exprimé sa reconnaissance en arabe.

Visite culturelle ou interreligieuse? Je ne sais pas! Mais, ce dont je suis sûr, c'est qu'il fut émerveillé par la beauté de Notre-Dame.

Le grand portail ouvert, le secrétaire général a avancé vers sa voiture immaculée, entourée des motards qui, eux, patientaient…

Je reçois également de nombreuses personnalités ecclésiastiques, comme le cardinal Dominique Mamberti, préfet du Tribunal suprême de la Signature apostolique, et le cardinal Gérald Lacroix, archevêque de Québec et primat du Canada. Ces deux cardinaux ont présidé les fêtes du 15 Août.

Le patriarche de Jérusalem, le sacristain de Saint-Pierre de Rome, heureux de voir cette cathédrale si bien entretenue et si vivante ; l'archevêque de Lviv en Ukraine, Mgr Mieczysław Mokrzycki qui fut le second secrétaire du pape Jean-Paul II pendant sept ans et du pape Benoît XVI pendant deux ans. Tous, naturellement, demandent de vénérer la Sainte Couronne d'épines.

Parfois, les ambassades demandent des visites strictement culturelles ; le recteur organise la visite avec un guide, mais il ne se montre pas ! Ainsi pour toutes les autorités chinoises… On ne doit pas prendre en photo le ministre des Affaires étrangères avec le recteur. Il faut respecter l'aspect culturel de la visite. En revanche, l'ambassadeur m'a remercié chaleureusement d'avoir rendu possible cette découverte artistique de Notre-Dame.

Chaque visite a une coloration ; ainsi, en recevant le barreau de Paris, j'ai tenté une plaidoirie sur les racines chrétiennes de l'Europe ; en recevant le procureur François Molins, accompagné de vingt procureurs européens spécialisés dans les affaires terroristes, la visite était, non pas plus austère, car ils ont besoin de se détendre, mais empreinte de gravité et de reconnaissance de la part de Notre-Dame, elle qui est si menacée, mais aussi si protégée.

Certaines personnalités ne viennent que pour vénérer la Couronne. Ainsi, le ministre de la Justice de Russie. Là encore, haute protection après la fermeture de la cathédrale. Quelques séminaristes russes sont là pour chanter des litanies ; l'église est calme, et les voix de basse résonnent. Le ministre, à genoux, se met à pleurer, la vénération se prolonge car il prend son temps ; par trois fois il a demandé à embrasser la Couronne. Un beau témoignage de foi. En partant, il m'a assuré que le président Poutine souhaitait lui aussi se rendre à Notre-Dame pour vénérer l'insigne relique si chère à nos frères orthodoxes.

Les ambassadeurs, au moment de leur changement de poste, aiment découvrir ou redécouvrir ce chef-d'œuvre : les ambassadeurs des États-Unis, d'Espagne, de Croatie, de Belgique, du Mexique, de Grande-Bretagne, d'Australie et de Pologne. Ce dernier est tombé amoureux de la cathédrale et a souhaité qu'une de nos chapelles accueille une représentation de la fameuse Vierge de Częstochowa ; mais cette chapelle n'est pas encore restaurée et, comme toute restauration, cela coûte cher... Qu'importe ! Le Sénat polonais, la communauté polonaise de Paris et une riche mécène se sont mis ensemble pour que la Vierge de Jasna Góra soit dans un bel écrin. C'est le président du Sénat polonais lui-même qui l'a inaugurée en grande pompe en décembre dernier.

Passons maintenant aux militaires ! Certaines visites sont parfois improvisées, tout simplement parce que nous sommes prévenus deux heures avant, toujours pour des raisons de sécurité. Un matin, on me prévint de l'arrivée du commandant suprême de l'Otan. Portes centrales ouvertes comme il se doit, j'avais pu m'approcher de lui et de sa famille ainsi que de ses huit gardes du corps. La visite s'était déroulée sans encombre ; ensuite je les raccompagnai et m'étonnai de ne pas voir le cortège de voitures. Il était un peu plus loin, car l'épouse souhaitait découvrir le métro parisien. Entourés de huit gardes, on tente de rester simple, et on ne fait pas toujours ce que l'on veut.

Ce fut une joie de faire découvrir Notre-Dame aux aumôniers de la police fédérale allemande ; joie aussi de recevoir le chef d'état-major des armées et son cabinet, avec leurs épouses ; visite de fin d'année qui devait être une surprise du chef : j'ai mis le paquet ! Il faut dire que tous le méritaient. En haut de la cathédrale, entre les deux tours, échange de cadeaux autour d'une coupe de champagne. Bref, la France était là !

Visite plus historique et politique avec les élèves de l'Institut des hautes études de défense nationale (IHEDN). Le recteur a parlé de son rôle au cœur de la cité, des relations avec l'État et la Ville de Paris, des questions de sécurité, mais aussi du bon Dieu !

Revenons aux politiques : des députés comme des responsables de la mairie de Paris viennent visiter, j'allais dire, leur cathédrale. Pour bon nombre, ils découvrent la richesse artistique de ce lieu ; j'en profite pour envoyer un message subliminal concernant nos besoins…

La maire de Paris me rencontre régulièrement ; elle n'est pas comme l'ambassadeur de Pologne qui s'arrête à chaque chapelle pour faire ses dévotions ; la visite en ce sens est plus rapide et politique. Nous nous entendons bien ; elle sait l'importance de ce lieu pour la vie touristique de sa ville. La cathédrale a besoin d'un accueil digne de ce nom afin que les visiteurs puissent être à l'aise pour contempler l'un des chefs-d'œuvre de la capitale. En effet, nous ne pouvons pas faire entrer les touristes qui ont des valises ou des sacs volumineux, sécurité oblige. L'Hôtel-Dieu, en restauration, pourrait nous redonner quelques mètres carrés pour installer une bagagerie, une boutique, un coin où l'on peut s'asseoir, des toilettes convenables et une salle dédiée à la réception des groupes, car la cathédrale n'en dispose pas. Il nous faut préparer les jeux Olympiques ; or il y a déjà vingt millions de personnes qui passent chaque année sur le parvis. Je rêve d'avoir un tel lieu comme à Saint-Pierre de Rome – dont l'entrée, d'ailleurs, est gratuite ! Non pas pour détrôner le cœur de la chrétienté, mais pour maintenir la tradition française de l'accueil. Il est clair que c'est un choix politique partagé par la maire de Paris, mais c'est elle qui a le pouvoir. Il nous arrive de faire le tour de la cathédrale pour observer les méfaits des ans et... de la pollution. Notre intérêt commun, c'est notre ville de Paris ; c'est pourquoi il y a une entente chaleureuse entre nous deux.

De grands entrepreneurs organisent aussi des soirées qui concluent leurs congrès. C'est ainsi que j'ai reçu le mathématicien Cédric Villani, très touché par la cathédrale ; il était entouré de chercheurs qui avaient passé deux jours à réfléchir sur le climat, au collège des Bernardins.

Comment ne pas évoquer la messe célébrée pour le vingt-cinquième anniversaire de la mort du roi Baudoin et demandée par ses nièces venues d'Espagne ? Nous y avons associé sa chère épouse, la reine Fabiola. À vrai dire, nous étions déjà dans la communion des saints ; le couple royal, en effet, devrait être un exemple pour toutes celles et tous ceux qui assument des responsabilités. Permettez-moi de citer une de ses nombreuses prières :

« Apprends-moi, Jésus, à être avec les personnes que je rencontrerai ce que tu veux que je sois : un témoin de ton amour pour les hommes. Mais pratiquement, Seigneur, dans la place particulière que j'occupe, qu'est-ce que cela veut dire ?

« Comment dois-je m'y prendre ? Esprit-Saint, ne me quitte pas d'une semelle, je t'en prie. Sois ma force, ma sagesse, ma prudence, mon humour, mon courage, ma dialectique…

« Ô mon Dieu, pardonne à l'insecte que je suis de vouloir être un beau cheval. Rends-moi humble, Seigneur Tout-Puissant, et heureux d'avoir été créé petit…

« Je pense trop souvent à la mission que Tu m'as confiée et pour laquelle je suis né. J'oublie trop souvent que j'existe avant toute autre chose pour Toi, pour T'adorer, pour Te contempler, pour aimer tous ceux que Tu mets sur mon chemin, mais pour les aimer comme Toi Tu les aimes et avec Ton amour. »

Voilà la sainteté en actes – et le recteur se trouve bien petit.

Il y aurait tant d'autres visites à mentionner, comme celle du Premier ministre d'Israël, Benyamin Netanyahou, un ministre gabonais, la première dame du Panama, le ministre des Affaires étrangères de Pologne, la délégation géorgienne de l'Unesco, l'ambassadeur de la Côte-d'Ivoire auprès de l'Unesco, accompagnée de son fils pour rendre grâce d'avoir été reçu au baccalauréat.

Je terminerai par le préfet de police, mon vis-à-vis ! Nous avons de bonnes relations ; il me surveille de son bureau, tout comme moi d'ailleurs. Très attentif à la vie de la cathédrale, il reçoit toutes les semaines le programme pastoral en vue de notre protection. Son cabinet est régulièrement invité à nos concerts, comme la commissaire du 4e arrondissement. Ils retrouvent parfois M. Delanoë qui, lors d'un passage à Paris, aime se retrouver dans sa cathédrale pour écouter la Maîtrise, car elle lui manque…

Il est évident que je rencontre M. Bélaval, président du Centre des monuments nationaux, une belle amitié politique, chacun marquant son territoire.

Une des dernières visites fut celle de l'ambassadrice des États-Unis, Mme Jamie McCourt, nouvellement nommée. Un peu moins escortée que Melania Trump, elle arrive toutefois avec sa voiture blindée et une voiture de police. Mme McCourt maîtrise bien notre langue puisqu'elle a fait des études à la Sorbonne, et elle connaît déjà la cathédrale. Elle souhaitait me remercier pour cette amitié franco-américaine tout en partageant quelques sujets sur la société française, le climat politique, la situation des religions…

Nous avons terminé la visite sur le toit de la sacristie où nous avons quelques ruches ; madame l'ambassadrice a apprécié notre miel !

Ces visites renforcent nos liens avec les États-Unis. Je suis d'ailleurs invité à l'ambassade lors des vœux pour la nouvelle année et pour l'anniversaire de l'indépendance. C'est à cette occasion que j'ai rencontré Line Renaud, assise dans un coin du salon avant de descendre dans le parc. Je me suis approché pour la saluer en me présentant ; c'est alors qu'elle m'a sauté au cou comme si nous nous étions quittés la veille. Il me souvient très bien de sa dernière apparition à Notre-Dame lors d'une ordination épiscopale ; elle était placée à côté de Jacques Martin. Lors de la procession des offrandes, des Africaines portaient des corbeilles de fruits ; et Line Renaud, se tournant vers son voisin, lui avait demandé le pourquoi d'un tel cortège… « Parce que Jean-Michel est originaire de Marseille ! », avait répondu Jacques Martin. Ce jour-là, à l'ambassade, je l'ai invitée à redécouvrir la cathédrale à l'occasion de ses quatre-vingt-dix ans.

Il faut toujours se tenir prêt à accueillir une personnalité ! Un dimanche d'octobre, la sécurité du président du Chili nous avertit de sa présence à la messe de 11 h 30 ; nous n'avions que vingt minutes pour réserver les deux premiers rangs et installer le fauteuil adéquat pour notre hôte imprévu. J'accueillis au portail central M. Sebastián Piñera et son épouse, accompagnés de la délégation et de leurs gardes du corps. Le Président, lors de son voyage officiel à Paris, avait souhaité participer à la messe pour confier son pays à Notre-Dame. Voilà le rôle diplomatique de la Mère de Dieu… mettre la paix dans les cœurs.

Coup de téléphone du ministère de l'Intérieur à 14 heures : « Le vice-président du Sénat américain viendra à 16 heures visiter la cathédrale. »

Le recteur doit donc changer sans attendre son programme ! Le voici prêt à accueillir le cortège officiel. M. Orrin Hatch arpente la nef d'un pas de sénateur. Il est émerveillé, intéressé par mes histoires. La fin de la visite s'achève sur le parvis. Il m'embrasse en me disant : « *I love you* »… devant son épouse, Dieu merci.

Pour le 11 Novembre, nous avions pavoisé la cathédrale, comme en 1918. La cathédrale était superbe. Le président de Roumanie et son épouse sont venus aux vêpres du vendredi pour voir leur drapeau et pour confier leur pays à la Vierge.

Comme chaque année, le Commonwealth est venu célébrer la victoire. Toujours haut en couleur, j'ai chanté « La Marseillaise » et le « God Save the Queen » devant les chapelains étonnés de m'entendre chanter en anglais !

Quant à la messe du soir présidée par notre archevêque, nous avons eu la sonnerie aux morts ; le garde républicain était aussi ému que nous tous… D'ailleurs, la minute de silence s'est prolongée… le temps de redescendre sur terre !

## L'aventure du son et lumière « Dame de Cœur »

À peine arrivé à la cathédrale, je reçois Arnaud Bouthéon qui partage avec moi son désir de faire un son et lumière sur la façade de Notre-Dame. Il rejoint mon souhait d'animer le parvis pour attirer les fidèles qui s'étaient éloignés à cause des attentats terroristes.

Un spectacle spirituel et missionnaire, qui, comme tous les mystères du Moyen Âge, pourrait être une véritable catéchèse. Je reçois Bruno Sellier, le metteur en scène des « Nuits des Invalides », et lui explique ce que j'imagine : « Voir la cathédrale dans toute sa splendeur, au son du grand orgue, pour s'acheminer vers la Vierge et découvrir autrement Notre-Dame. »

En ce troisième millénaire, nous avons besoin de retrouver la tendresse de Dieu. Marie, la Mère de Dieu, est sans aucun doute un chemin privilégié. « Dame de Cœur », elle l'est ! L'histoire se déroule en 1917, au moment de l'arrivée de l'armée américaine à la fin de la Première Guerre mondiale. Un soldat grièvement blessé se trouve près d'une infirmière qui lui demande quel serait son dernier souhait : voir Notre-Dame de Paris avant de mourir. Son rêve se réalise, et il découvre une cathédrale de lumière. Cette infirmière est aussi la dame de cœur. Je l'ai déjà écrit, nos amis américains sont attachés à ce lieu. Nous recevons d'ailleurs de nombreux fidèles qui viennent participer à nos liturgies dominicales. Dernièrement, l'ancien maire de New York, Rudolph Giuliani, de passage à Paris, a tenu à venir avec sa famille lors d'une messe polyphonique à 11 h 30 où la Maîtrise a interprété la fameuse *Messe solennelle* de Vierne dont le *Kyrie* me donne des frissons tant c'est grandiose !

L'aventure commence en accueillant le commandant suprême des Chevaliers de Colomb, Carl Anderson, qui s'intéresse à notre projet et qui est prêt à y participer financièrement. Car un tel « son et lumière » suppose un investissement de cinq cent mille euros ! Nous commençons à chercher des sponsors, souhaitant la gratuité pour tous les spectateurs.

Me voici donc invité au congrès des Chevaliers de Colomb, à Saint-Louis, aux États-Unis. Un moment privilégié qui me permet de découvrir l'œuvre de ces chevaliers. Auparavant, je fais un pèlerinage à la cathédrale de Saint-Louis, qui détient une relique de la tunique du saint roi que le cardinal Marty avait offerte à l'évêque de ce diocèse. Des fresques représentent Saint Louis tenant dans les mains la Couronne d'épines.

Comme toute ville américaine, les avenues sont larges et les immeubles bien hauts ! Je suis reçu comme un roi. Des cardinaux et de nombreux évêques du monde entier participent à ce congrès.

Mais qui sont ces chevaliers ? Au départ, un prêtre irlandais touché de compassion en voyant ses frères immigrés aux USA dans une pauvreté indécente crée cette association catholique dont les membres ne sont que des hommes au service de l'Église ; la ressource financière est constituée d'assurances qui rapportent bien… Mais tous les bénéfices sont reversés aux plus pauvres. Aujourd'hui, ces chevaliers sont plus d'un million de par le monde, et ils viennent au secours des populations touchées par des séismes, par la faim. À la différence des Français qui n'aiment pas trop parler de leur fortune, les Américains, avec beaucoup de transparence, aiment publier les bénéfices… J'ai admiré cette charité en actes. Pas de complexe vis-à-vis de l'argent, puisqu'il est au service des plus pauvres et des paroisses.

Les Chevaliers de Colomb commencent à s'installer en France autour des paroisses et aident leur pasteur en se mettant au service de l'évangélisation, en mettant en place des événements et en assumant des tâches matérielles pour alléger l'agenda du curé. Ces équipes se retrouvent pour approfondir leur foi et leur spiritualité. Il est sûr que la présence de tant d'évêques et de prêtres souligne l'attachement indéfectible à l'Église.

Lève-tôt, malgré le décalage horaire, je descends au restaurant pour prendre un petit déjeuner ; je découvre ces grands buffets et la bouteille de ketchup sur les tables. Interpellé par un homme en tee-shirt jaune et en short déjà installé, je m'approche et me présente ; il me tape sur l'épaule en signe d'amitié et me dit : « Je suis l'archevêque de New York. » Je le trouve plus proche d'un cow-boy que d'un prélat tout de rouge vêtu. Pourtant, il sait aussi porter la soutane rouge, et il la porte très bien. Je pensais au pape François qui nous invite à la proximité. M'est revenu en mémoire que, au moment où j'étais recteur du Sacré-Cœur, à l'occasion des Journées mondiales de la jeunesse, j'avais reçu des Américains, ainsi que le cardinal O'Connor. Âgé de plus de soixante-quinze ans, il fit un vrai show durant trois heures, en faisant rire, mais aussi en mettant ces trois mille jeunes à genoux pour adorer le Seigneur réellement présent en Son Eucharistie.

À la sortie, nous nous étions retrouvés dans le salon des évêques ; il se reposait en prenant un double scotch – c'était un ancien aumônier militaire et il savait lever le coude ! On lui annonça que le pape, à ce moment-là Jean-Paul II, venait d'atterrir et qu'il fallait quitter le Sacré-Cœur.

Mais le cardinal savait que, derrière la porte du salon, il y avait un groupe de handicapés qui attendaient pour faire une photo avec lui. Son secrétaire l'avait quelque peu pressé, et lui de répondre : « Le pape m'attendra bien ; je me dois d'être proche de tous ces jeunes. » Voilà encore une belle proximité !

Ce congrès fut l'occasion de magnifiques rencontres avec des pasteurs du monde entier. Accompagné par un jeune prêtre qui me servait d'interprète, ce fut mon premier contact avec l'Église américaine – qui sait faire la fête !

Reçus par le commandant suprême de l'association des Chevaliers, nous avons pu partager sur la situation de l'Église en France. Les Chevaliers comptent sur nous ; nous sommes la fille aînée de l'Église… Le pape François dit que nous sommes la grand-mère… Mais une grand-mère qui a la mission d'encourager leurs petites-filles !

Le congrès terminé, je revins à Paris afin de préparer les fêtes du 15 Août qui rassemblent toujours de nombreux fidèles. Nous avons prévu d'abord un concert de chants grégoriens interprétés par la Maîtrise, puis, le 14 août au soir, une grand-messe présidée par un archevêque invité, suivie d'une veillée spirituelle qui s'achèverait par une procession aux flambeaux autour de la cathédrale. C'est toujours un moment de recueillement lumineux. Et le jour de la Solennité, nous ferions la traditionnelle procession en parcourant les deux îles, celle de la Cité et Saint-Louis. Une foule immense a participé, le recteur en tête !

Dès septembre, la publicité autour de « Dame de Cœur » se met en route, et très rapidement de nombreuses inscriptions affluent. L'équipe monte en puissance ; il faut recruter des bénévoles pour l'accueil, la sécurité, la distribution des livrets.

L'équipe technique demande toutes les autorisations possibles, en commençant par celle d'éteindre le parvis !

La veille au soir, mise en place du spectacle, et répétition à minuit !

Enfin, le jour J, disons plutôt « la nuit N », était réservé aux deux mille invités. Une splendeur, un spectacle magique, la cathédrale était multicolore... Victor Hugo aurait été aux anges !

L'entrée dans Notre-Dame prit une dimension mystérieuse, et tous les spectateurs devinrent des pèlerins allant vers Marie qui les attendait. Mon rêve se réalisait... cette foule de quatre-vingt mille personnes marchait, durant ces cinq soirées, vers la Pietà.

Le premier soir, j'accueillis le président Giscard d'Estaing et son épouse, Mme Hidalgo, Mme Pécresse, des ambassadeurs... et des futurs mécènes pour la restauration de notre flèche et du chevet !

Un dîner officiel eut lieu à la fin du spectacle dans l'hôtel particulier qui appartient à la mairie de Paris et qui nous fut prêté, et c'est le grand chef Alain Ducasse qui nous a préparé un véritable banquet.

Vous avez bien compris : les invités étaient de potentiels mécènes, et ce fut le commencement du mécénat.

Alain Ducasse avait tenu à nous offrir cette soirée ; c'était sa façon de participer à ces travaux si attendus. La cathédrale et la grande cuisine font bon ménage !

Deux spectacles étaient présentés par soir : le premier à 19 h 30, plutôt familial, l'autre à 21 heures, qui a attiré de nombreux jeunes. Nous n'attendions pas autant de monde... et la préfecture nous a imposé pour les derniers spectacles de trouver des agents de sécurité. Pas toujours facile de contenir une foule de plus de dix mille personnes sur un parvis !

L'un des chapelains et moi nous sommes mis à la sortie, rue du Cloître, pour saluer tous les pèlerins. Que de mains tendues, que de visages connus et inconnus, que de Parisiens qui découvraient l'intérieur de la cathédrale !

Les spectateurs étaient tellement émerveillés et émus qu'ils ont oublié pour beaucoup de donner à la quête qui avait lieu à la sortie ! Il faut toujours une petite erreur, celle-ci m'a coûté cher, mais comment faire ? Surtout si cela fait revenir les pèlerins à Notre-Dame ! La presse fut unanime, et une partie du spectacle est passée sur de nombreuses chaînes du monde, même en Chine !

Si financièrement cela a coûté, la dimension missionnaire fut une réelle réussite. Depuis ce spectacle, la cathédrale attire de plus en plus de pèlerins qui viennent aux célébrations, aux conférences spirituelles, aux offices, aux processions multiples sur le parvis. Est-ce une coïncidence ? Si oui, alors elle est divine ! Nous avons peu d'impact sur le tourisme ; en revanche, les pèlerins reviendront si nous répondons à leurs attentes !

Nous avons repris cette année ce spectacle ; deux cent mille personnes étaient au rendez-vous. Les mécènes et les fidèles ont pris en charge les dépenses et ont remboursé une partie du déficit de l'année précédente. Le Seigneur est bon !

Heureux parvis qui, à sa façon, prépare les cœurs pour une rencontre possible avec le Seigneur dans Sa cathédrale. C'est pourquoi, dès mon arrivée, je me suis intéressé à ce lieu, partie intégrante du bâtiment. Les préambules à la foi peuvent se vivre devant la façade. Véritable émotion esthétique, véritable catéchèse si on arrive à « lire » les porches, l'Invisible se présente à chaque visiteur et l'interroge.

J'ai toujours pensé que cette cathédrale était un lieu privilégié où Dieu intervient.

J'ai toujours pensé que cette cathédrale était un lieu de transmission.

J'ai toujours pensé que c'était un haut lieu spirituel. Elle est l'un des poumons de Paris, l'autre étant le Sacré-Cœur. Quelle grâce pour un prêtre d'avoir été recteur de ces deux lieux ! D'un côté le cœur du Christ, de l'autre, celui de Marie.

# L'avenir de la cathédrale

# Évangéliser à Notre-Dame

Après avoir décrit la vie du recteur, il me faut évoquer l'avenir de la cathédrale, même s'il appartient à Dieu. Le présent appelle l'avenir. Ainsi je souhaite partager avec vous mes convictions, ma façon de vivre mon sacerdoce à travers l'enseignement du pape François et mon amour de l'Église. Ces deux premières années m'ont fait découvrir les besoins de Notre-Dame. À partir de cette expérience, il me faut, avec tous mes collaborateurs, prêtres et laïcs, réfléchir sur les points pastoraux à renforcer ou à mettre en place.

Comme je l'ai déjà écrit, la liturgie est la source et le sommet de la vie de ce lieu spirituel. Nous construisons une pastorale à partir de là. Il nous faut toujours soigner la liturgie car les fidèles, surtout ceux de passage, viennent d'abord pour vivre un temps fort, une rencontre avec leur Seigneur.

Notre époque redécouvre la puissance évangélisatrice de la liturgie. « Si tu veux savoir ce que nous croyons, dit saint Augustin, viens voir ce que nous chantons. »

La liturgie évangélise les hommes de la terre, dont la vie n'a de sens que si elle ouvre vers le ciel. « La fatigue que provoquent tant de discours vides et l'actualité de bien d'autres formes de communication ne doivent pas diminuer la vertu permanente de la Parole ni faire perdre confiance en elle. La Parole reste toujours actuelle, surtout lorsqu'elle est porteuse de la puissance de Dieu. C'est la Parole entendue qui conduit à croire », écrit saint Paul VI dans *Evangelii nuntiandi*.

Les pèlerins, de plus en plus nombreux, lorsqu'ils viennent à la cathédrale voient sa beauté, mais ils veulent faire une démarche spirituelle. D'où l'importance de l'accueil, la possibilité de célébrer à la Pietà ou au maître-autel, des conférences catéchétiques sur la grâce de Dieu... En effet, pourquoi viennent-ils à Notre-Dame ? Pour se confier à Marie, pour découvrir le mystère du Salut à travers la Couronne d'épines, pour vivre la Réconciliation grâce à la présence des confesseurs. Car il me semble que la grâce de ce lieu est la conversion des cœurs : « Ô Marie, priez pour nous pauvres pécheurs. » Elle les attire pour leur montrer la tendresse du Père. Les chapelains en sont témoins quotidiennement. Que de blessures, que de souffrances présentées au Christ, grâce à sa Mère ! Mais n'est-ce pas le rôle de l'église mère ?

De très nombreux touristes entrent dans cette cathédrale ; certains sont des chrétiens du seuil qui n'osent pas entrer parce que cela fait si longtemps... D'autres se veulent indifférents, mais sortent-ils indemnes de ce lieu ? D'autres sont de religions différentes, qu'importe ! La cathédrale est un lieu de repos dans l'esprit. Les touristes de religion musulmane viennent prier Marie et parfois rencontrer un prêtre pour comprendre entre autres le mystère de la sainte Trinité. Enfin, il y a les touristes non croyants mais ouverts à la transcendance ; quant aux hostiles, ils n'entrent pas et restent sur le parvis... Mais la Vierge y est aussi ! Tous, nous sommes des chercheurs de Dieu, jusqu'au face-à-face qui nous comblera.

Au vu de cette foule immense, le désir de partager notre foi augmente, c'est pourquoi l'évangélisation est une priorité. Il est vrai que, pour bon nombre, elle est synonyme de prosélytisme. Nous sommes parfois paralysés par le mot « tolérance » ou les expressions : « Toutes les religions se valent, tout le monde il est beau, tout le monde il est gentil, tout le monde il est sauvé. » Oui, mais par qui ? Comment ? De quoi ? Arrêtons-nous alors sur cette évangélisation à Notre-Dame.

D'abord, qu'est-ce qu'évangéliser ?

L'évangélisation n'est pas un appel à éveiller ou à réveiller ce monde païen ou endormi, mais un appel à revenir aux sources vives de l'Évangile. C'est ce qu'a fait Jésus en proclamant la Bonne Nouvelle venue de Dieu au sein de ce monde créé. Il est vrai aussi que le Christ est l'évangélisateur des hommes. Celui qui nous annonce à tous le Salut, non seulement promis, mais enfin accordé. Par lui, le pont est établi entre le ciel et la terre ; la Pâque est accomplie en la personne du Christ descendu du ciel sur la terre pour ramener les enfants de Dieu que nous sommes à la maison du Père des Cieux. Voilà le véritable Évangile de Dieu qui nous donne le vrai Salut, source de véritable paix, puisqu'il est don d'une vie éternelle. Voilà la grande et bonne nouvelle qui doit être proclamée sur le parvis et dans la cathédrale. L'impératif de son annonce tient dans l'incomparable richesse de cette espérance ! L'appel à évangéliser se fonde sur l'exemple du Christ qui se conclut par l'envoi en mission posé comme au sommet de chacun des quatre Évangiles. Comment ne pas entendre encore et toujours cette parole du Seigneur dont chaque génération se doit de renouveler l'urgence, tant « l'amour du Christ nous presse » ?

Il faut nous redire inlassablement la parole de saint Paul, l'Apôtre des nations : « Prêcher l'Évangile n'est pas pour moi un titre de gloire ; c'est une nécessité qui m'incombe. Oui, malheur à moi si je ne prêchais pas l'Évangile » (1 Cor 9,16). Et il ajoute aussi fièrement qu'humblement : « C'est une charge qui m'est confiée » (1 Cor 9, 17).

De cette exigence à propager l'Évangile, aucun disciple du Christ n'est dispensé. N'est-ce pas une femme, une pécheresse pardonnée, que Jésus lui-même a choisie pour en faire « l'apôtre des apôtres », nous montrant par là combien chaque baptisé doit être le témoin de sa résurrection ?

Non seulement l'évangélisation fait partie de la vie de l'Église, mais nous pouvons dire avec Vatican II et *Evangelii nuntiandi* de saint Paul VI que l'Église est faite pour évangéliser. Sa nature et sa finalité sont missionnaires. Si l'évangélisation est constitutive de la vie de l'Église, elle s'incarne aujourd'hui en tenant compte des caractéristiques particulières liées au contexte spirituel, social, culturel dans lequel l'Église se trouve placée. Il s'agit pour celle-ci de mettre en contact le monde moderne avec les énergies vivifiantes et permanentes du Mystère du Christ. Devant un monde qui découvre les proportions toujours grandissantes du cosmos, de l'histoire humaine, de la vie en société, nous avons à élargir en nous la conscience de la mission de l'Église et à redonner à la vision du Salut toute son ampleur cosmique : la grandeur du Christ remettant son royaume au Père à la fin des temps polarise nos esprits. Nos jeunes générations voient l'ampleur de la mission qui les attend aujourd'hui. Elles ont besoin de voir les difficultés avec lucidité pour redoubler d'espérance et d'enthousiasme. Elles ont à porter le témoignage de l'espérance et de la joie du Christ ressuscité. Le synode sur « les jeunes, la foi et le discernement vocationnel » d'octobre dernier développe toutes ces préoccupations. C'est dire que l'époque de la mission héroïque n'est pas terminée ; au contraire ! Elle va se déployer avec une ampleur inconnue, réclamant une abnégation, un service plus fort que jamais. Les jeunes savent que les chrétiens ne peuvent plus borner leurs horizons à l'environnement immédiat, à leurs proches ; ils sont tenus, dans la vérité de leur amour, de porter tous les hommes, spécialement les plus pauvres. L'évangélisation intègre le fait que l'Église a pris une nouvelle conscience de son identité missionnaire et qu'elle s'adresse à un monde qui a connu des bouleversements économiques, culturels et sociaux considérables.

En quoi cette évangélisation est dite nouvelle, car, par définition, n'est-elle pas toujours nouvelle ?

Le monde actuel vit une telle mutation qu'il voit en fait surgir de partout des situations que l'on peut incessamment dire nouvelles.

Quand la marche du monde s'accélère, l'Évangile du Salut se doit donc de hâter le pas !

Quand les affrontements de ce monde s'intensifient, l'Évangile de la Paix se doit de courir au-devant de lui.

Dans un monde qui oublie le nom même du Créateur, l'Évangile de Dieu ne peut que lui faire entendre Sa voix.

Quand notre monde menace de sombrer dans l'idolâtrie, l'Évangile du Royaume ne peut que se dresser au travers de sa route pour lui dire : « Insensé ! Cette nuit on te redemandera ton âme ! et ce que tu auras amassé, qui l'aura ? » (Lc 12, 20).

Mais le monde d'hier a connu aussi des changements, des mutations, des bouleversements, des rénovations de structures, des révolutions dans les mentalités ! Et, chaque fois, « c'est l'Esprit qui renouvelle la face de la terre ». Que l'on pense à Origène et à Athanase dans le monde hellénistique ; saint Ambroise et saint Augustin, dans le monde romain ; saint Léon ou Grégoire le Grand, face à l'invasion des Barbares ; saint Bernard, Thomas, François au cours du Moyen Âge ; Ignace de Loyola et Vincent de Paul, au lendemain de la Réforme et de la Renaissance... On voit combien l'Évangile a pu se renouveler sans cesse. À nous d'adopter leur audace apostolique et créative.

Il nous faut prendre davantage encore la mesure de l'affaiblissement de la foi et aussi de l'athéisme de notre société. L'Église doit faire face aux défis de la non-croyance et de l'indifférence religieuse. Ce manque d'adhésion s'observe à travers les nouvelles religiosités autour d'un dieu sans visage, déconnecté de l'histoire. Parallèlement, la beauté semble n'avoir jamais été autant recherchée, y compris comme voie d'évangélisation. C'est pourquoi Notre-Dame est un lieu privilégié et qu'il nous faut mettre en valeur la beauté du lieu.

Il y a quelque cinquante ans, l'Église évoluait encore dans un contexte de chrétienté. Les symboles, les représentations, les comportements sociaux, l'ensemble de notre culture baignaient dans cette chrétienté. Aujourd'hui, ces référents communs sont fortement mis en cause. Nous le voyons bien quand nous faisons visiter la cathédrale. Le langage de la « tribu » n'est plus connu et n'a pas été transmis. L'anthropologie chrétienne n'est plus un point de repère ; nous le voyons dans la bioéthique par exemple, ou l'éducation.

L'évangélisation doit donc se déployer dans un nouveau paradigme, celui de la « postmodernité », nous ne pouvons pas fermer les yeux !

Notre société pluraliste propose d'autres charismes d'épanouissement que celui du Christ. Pour beaucoup de nos contemporains, le christianisme est une opinion parmi tant d'autres, au mieux une des voies possibles pour accéder au bonheur. Il y a une relativisation syncrétiste de la vérité.

Alors, comment aborder ce relativisme ? Par le témoignage personnel. Notre vie doit faire la preuve de l'actualité de l'Évangile et attester combien Dieu peut transformer notre existence ; la foi apporte quelque chose de décisif, qui dépasse le confort matériel, spirituel dans lequel je peux m'installer. Ne soyons pas des « chrétiens parking » qui font du surplace et qui pensent être déjà arrivés au but. La foi nous permet de prendre du recul et fortifie notre être intérieur.

L'évangélisation part souvent d'un témoignage. Le premier témoignage est celui du Christ, relayé et assumé par celui des apôtres. Il s'agit de pouvoir rendre compte de nos raisons de croire et d'espérer. Attention, c'est bien le Christ qui donne la foi ! Nous ne sommes que des instruments. Mais où donner ce témoignage ? Dès le parvis ; il nous faut des « missionnaires du parvis » ; ce sont les préambules à la foi dont j'ai déjà parlé. Il faut préparer les cœurs pour profiter de la visite de Notre-Dame.

La foi relève d'un engendrement. Il ne s'agit pas de réduire l'évangélisation à une transmission d'un certain nombre de vérités. Il s'agit de faire advenir un monde nouveau. Sans dogmatisme.

Le messager et le message doivent coïncider. Le christianisme n'est pas d'abord une morale, une sagesse, une spiritualité, mais c'est Quelqu'un, le Christ. Marie a mis au monde un enfant, non une idéologie ni une Bible ! Le christianisme s'inscrit dans l'histoire. Il prend corps dans l'histoire de l'humanité, dans la vie d'un peuple, Israël, dans la trajectoire terrestre d'un homme, Jésus, qui assume ma propre histoire.

Parce que le monde est dur, nos contemporains cherchent un ailleurs. Le christianisme propose une réponse qui n'est pas la fuite hors de soi, mais la découverte en soi et dans notre monde d'une présence, celle de Dieu. Il me semble que Notre-Dame peut permettre cette expérience spirituelle. Nous nous efforçons d'aider les fidèles à faire une telle découverte à travers les conférences spirituelles du dimanche.

Le génie du christianisme, c'est le mystère de l'Incarnation. Dieu Se fait tout proche. Le Dieu si grand S'est fait si petit. Cette descente de Dieu par Son Fils, jusque dans la souffrance et dans la mort, exprime Son amour infini. Je n'ai donc pas à avoir peur de Dieu ni à rechercher des ersatz de bonheur dans des paradis artificiels. J'ai à découvrir en moi-même la présence de Celui qui me rend digne de ce que je suis, qui rend ma vie acceptable et même extraordinaire, et qui m'offre les moyens de Salut.

Nous subissons aujourd'hui l'énorme influence des moyens de communication sociaux, dont il est clair que la préoccupation première est loin des valeurs prônées par l'Évangile.

Le monde des médias n'est pas seulement indifférent ; il peut être hostile. La foi, la morale en sont affectées. Les valeurs chrétiennes sont attaquées, traînées en dérision.

« Parce que vous n'êtes pas du monde, le monde vous hait » (Jn 15, 19).

Dans ce contexte envahi par tant de paroles d'hommes, notre défi est donc de rendre la parole à Dieu pour que l'homme puisse réentendre la Parole de Dieu. « La foi naît de la prédication » (Rm 10, 17).

Le défi de l'Église est de trouver un instrument, un média approprié. Au-dessus de la cacophonie des voix, la Parole de Dieu n'a pas à craindre, car elle est d'un autre ordre.

Notre monde est celui du divertissement. Le risque n'est pas nouveau ! Mais le divertissement est devenu omniprésent et miroite sous nos yeux de tous les scintillements de la nouveauté technologique et technique.

L'Évangile annonce la joie, la paix, mais il proclame aussi les béatitudes, l'appel au renoncement, les exigences de l'amour et de la justice, du service.

Il n'est pas ludique ! Comment le faire entendre à un monde qui tend de plus en plus à le devenir ?

Alors, quels sont les champs prioritaires ?

Le temps du scientisme est révolu. Les grandes utopies philosophiques et les systèmes de référence ont disparu. L'heure est à la mondialisation économique, au repli individualiste, au réveil des superstitions dans le supermarché des croyances.

On surfe volontiers sur l'émotionnel, avec pour leitmotiv « être bien dans sa peau ». Les paroisses, les lieux de pèlerinage, les œuvres de solidarité constituent autant de lieux missionnaires où l'Église offre « le service de la transcendance et l'intelligence de l'ultime ». Elle y rappelle la valeur sacrée de la dignité de l'homme. Mais c'est notre vie personnelle qui constitue le premier lieu missionnaire. Alors que l'Église est si souvent mise en procès, chaque chrétien habité par la foi doit évangéliser son existence au point que son travail, ses engagements civiques, familiaux, professionnels signifieront alors son attachement au Christ et à son Église. On s'évangélise en évangélisant. C'est dire qu'il faut revenir à l'essentiel. Sans aucun doute la tâche des homélies que nous préparons chaque semaine, le mercredi au début de notre conseil sacerdotal.

L'essentiel est dans l'authenticité vécue du message proclamé.

Que la cathédrale, comme chacun d'entre nous, soit d'abord Maison de Dieu, Corps du Christ et Temple de l'Esprit, et d'elle-même sa vie parlera. Qu'elle soit une communion d'amour, et tout son être rayonnera ; qu'elle soit vraie, et on l'écoutera ; qu'elle soit humble, et elle touchera ; qu'elle soit pauvre, et elle plaira ; qu'elle soit chaste, et elle intéressera ; qu'elle soit obéissante à l'Évangile, et elle surprendra et attirera ; si elle est miséricordieuse, on lui pardonnera de n'être pas parfaite ; si elle vit dans une joyeuse espérance et une foi à toute épreuve, on lui demandera le secret caché et le chemin d'accès.

L'Église a encore besoin d'être réévangélisée ! Il y a encore de la médiocrité, de la tiédeur et même des scandales inadmissibles. Il s'agit que nous nous conduisions comme des enfants de lumière.

C'est par l'amour vécu entre nous que sera annoncé le Dieu d'amour ; c'est par la sainteté vécue au plus profond du cœur que sera révélée la gloire du Dieu trois fois saint.

L'Église n'a pas à se désengager du monde, mais à s'en libérer. Non pas à s'en couper, mais à s'en garder. L'enseignement du pape François est très clair. Fuyons la mondanité.

L'évangélisation au cœur de l'Église exige une nouvelle attitude de dépouillement, d'authenticité de cœur, de droiture de vie, d'humilité poussée jusqu'à la reconnaissance de nos limites. Écoutons le pape lors de son Angelus du 15 juillet 2018 : « La caractéristique du style du missionnaire est un visage, qui consiste dans la pauvreté des moyens. Son équipement répond à un critère de sobriété. [...] Le Maître les veut libres et légers, sans appui et sans faveur, uniquement sûrs de l'amour de Celui qui les envoie. »

Que l'Église vive dans une charité poussée jusqu'à la miséricorde et la tendresse. J'aime la formule d'Henri Bergson : « Les saints n'ont pas besoin qu'on les entende. Leur existence est un appel. »

## Nos moyens d'évangélisation

Alors, que faire? Je ne fais que relever quelques lieux et moyens pour la cathédrale.

Tout d'abord, une présence active dans le monde numérique; savez-vous que notre site est regardé quotidiennement par 11 000 personnes, que nous recevons 4 293 mails; que nous sommes aussi présents sur les réseaux sociaux avec 334 787 personnes qui nous suivent sur Facebook, 15 000 abonnés sur Twitter et 18 000 sur Instagram?

Ensuite une présence dans le monde des médias. Aller au-devant des foules, prendre la parole sur les places publiques : voilà ce que faisaient Jésus et à sa suite les apôtres. Les ondes (Radio Notre-Dame, les messes de France Culture, les conférences de carême) sont des outils essentiels. La télévision : KTO et la messe télévisée élargissent la dimension de la cathédrale. De nombreux fidèles suivent nos offices sur KTO. Des quantités de lettres sont reçues, et de si beaux témoignages; lorsque je fais une conférence en province ou lorsque je me promène en vacances, que de fois j'entends : « On vous connaît par KTO ! » ! L'été dernier, j'ai dû me faire opérer de la main, et, alors que j'étais sur le billard, une gentille instrumentiste s'est approchée de moi pour me dire combien la clinique était honorée de me charcuter la main : « Vous ne me connaissez pas, mais moi je vous vois tous les soirs sur KTO. » Je ne passe pas inaperçu ! KTO, belle intuition du cardinal Lustiger, une façon de rejoindre les chrétiens isolés et de leur montrer qu'ils font partie de notre cathédrale.

Le responsable de la communication est en lien avec les télévisions publiques, et je ne refuse pas les propositions de reportages sur Notre-Dame. En effet, nous pouvons donner un témoignage de ce que nous vivons, et cela contribue au rayonnement de notre cathédrale. L'art et la culture peuvent devenir, plus que jamais, ouverture à la foi. Mis au service de l'Évangile, les médias sont capables d'étendre presque à l'infini le champ d'écoute de la Parole de Dieu, et ils font arriver la Bonne Nouvelle à des millions de personnes.

C'est toujours une joie de rencontrer ces équipes composées de journalistes, de techniciens de l'image et du son.

Une des dernières émissions enregistrées était en 3D ! Quel ne fut pas mon étonnement de voir en face de moi une boule avec deux yeux, fixée sur un trépied, la journaliste cachée derrière un rideau. Sa première question : « Cette boule est-elle pour vous un homme ou une femme ? » J'ai failli perdre la boule, me demandant dans quel monde je me trouvais ! Mais j'ai joué le jeu ; puisque la journaliste cachée était une femme, alors la journaliste virtuelle devait être une femme !

Nous avons tourné une autre séquence dans la sacristie ; la journaliste était sous la table, tandis que « la boule », à l'aise, se pavanait... Quel monde ! Le soir, en rentrant chez moi, je relisais de Bernanos *La France contre les robots* (*op. cit.*), et j'ai relevé : « La civilisation des machines a-t-elle amélioré l'homme ? Ont-elles rendu l'homme plus humain ? » Et, un peu plus loin : « La civilisation des machines a aussi sa devise : Technique d'abord ! Technique partout ! Imbéciles ! Vous nous dites que la technique ne contrôlera au pis-aller que votre activité matérielle, et comme vous attendez pour demain la semaine de cinq heures et la foire aux attractions ouvertes jour et nuit, cette hypothèse n'a pas de quoi troubler beaucoup votre quiétude. [...] L'État Technique n'aura demain qu'un seul ennemi : l'homme qui ne fait pas comme tout le monde ou encore l'homme qui a du temps à perdre, ou plus simplement, si vous voulez, l'homme qui croit à autre chose qu'à la Technique. »

Sacré Bernanos, prophète de notre temps ! Ces lignes, en effet, ont été écrites en 1945 ! Il ne s'agit évidemment pas d'être contre les machines, les robots et l'intelligence virtuelle, mais de vérifier que la technique soit toujours au service de l'homme, et pas le contraire.

Autre priorité, l'œcuménisme déjà évoqué avec la Couronne d'épines. On ne peut qu'avancer sur ces chemins. Il faut noter déjà celui parcouru entre les juifs et les chrétiens ; entre les Églises de la Réforme et l'Église de Rome. Ce chemin se poursuit entre les orthodoxes et le catholicisme. Face à la montée de tout un athéisme militant ou une paganisation ambiante, les chrétiens se sentent de plus en plus appelés à se rapprocher et à donner un témoignage d'unité. « Que tous soient un. » L'unité est possible, et la cathédrale doit en être un artisan grâce à la Couronne d'épines qui est le trésor de tous les chrétiens.

Notre-Dame est un haut lieu spirituel.

Je suis persuadé que, dans chaque diocèse, on peut trouver un sanctuaire. Par sa position, son histoire, sa beauté, son impact culturel, touristique, spirituel, il attire. Il est là comme un phare dressé et un point de ralliement en attente. Aujourd'hui, nous redécouvrons le pèlerinage ; l'homme aime les rassemblements. Le spirituel n'a pas à craindre de collaborer avec le culturel. Il est aussi un lieu de la piété populaire.

Je le dis souvent, à partir de mon expérience au Sacré-Cœur et à Notre-Dame, nos sanctuaires sont des lieux « phares » ; des lieux où les chrétiens du seuil entrent de nouveau dans l'Église ; où les touristes peuvent devenir des pèlerins ; où les pèlerins viennent se ressourcer.

La piété populaire, trop longtemps négligée, nous invite à imiter l'attitude de réflexion intime et l'effort de création audacieuse de nos pères dans la foi. Avouons-le, il était de bon ton, il y a quelques années, de mettre de côté cette piété populaire ! Ainsi la pastorale l'a évincée, avec un risque certain de laisser sur le chemin une partie des fidèles attachés à une telle piété. Nous avions voulu privilégier l'intelligence de la foi, en oubliant l'importance de l'intelligence du cœur. Depuis, nous voyons le retour des processions, des pardons, des dévotions que nous avions un peu délaissés, mais que les jeunes affectionnent. Je crois que nous avons à laisser une place importante à cette piété populaire, avec un souci de discernement : je partage avec vous quelques critères.

Comment cette piété populaire aide-t-elle à entrer dans le mystère de Dieu ? L'approche plus affective n'est pas à rejeter ; le mystère de l'Incarnation n'est pas rien ! Mais l'excès nous détourne du mystère.

« Mon père, quelle merveilleuse prière, j'ai vibré et ressenti des frissons ! » Ce n'est pas le but de la prière. Si tu as des frissons, prends de l'aspirine parce que tu as de la fièvre. Cette piété populaire peut devenir idolâtrique. Nous connaissons les risques... À nous de les amener de l'idole à l'icône. Cela suppose une catéchèse patiente et remplie de charité. Nous connaissons aussi les dérives sectaires, surtout lorsque nous sommes confrontés à des cultures et traditions différentes. Le critère ecclésial est essentiel. Un chemin de purification doit être proposé pour redécouvrir l'originalité de notre foi. Les fidèles sont marqués par une forme de syncrétisme, avec des rites empruntés à différentes religions. Là encore, nous avons à évangéliser ces rites. Il y a tout un travail d'inculturation. Il s'agit d'entrer et d'aider à entrer dans l'obéissance de la foi et d'être en même temps dociles à l'action de l'Esprit saint ; il y a là une tension à vivre : obéissance et création. Comme le dit saint Vincent de Lérins : « Dis les choses d'une manière nouvelle sans dire pourtant des choses nouvelles. »

La piété populaire n'appartient pas au passé. Elle est une réalité bien présente qui fait partie de l'âme de notre cathédrale ; c'est pourquoi j'ai mis en place des processions plus nombreuses sur notre parvis ; on prie aussi avec ses pieds... Et j'ai ainsi relancé les pèlerinages.

Ces dernières décennies ont vu une Église cherchant à gommer le triomphalisme, à s'insérer dans la vie, à se mettre à la portée des gens, à se fondre au cœur des masses. La sécularisation est entrée en œuvre. L'Église a sans doute gagné en simplicité, en authenticité, en humilité. Mais elle a perdu en efficacité apostolique.

Une nouvelle évangélisation est en tout cas devenue nécessaire. Cela ne peut que passer par un retour à une vraie lisibilité, non pas dans le paraître exclusivement, mais dans la vérité.

Notre monde attend de l'Église qu'elle tienne un discours ferme et sache dire clairement sa foi qui n'est pas qu'à « oser » proclamer, mais à proclamer.

Les familles sont aussi des lieux privilégiés de l'évangélisation. Saint Jean-Paul II nous l'a rappelé dès le début de son pontificat. L'Église domestique est évangélisée ; transformée à la chaleur de l'Évangile, elle offre au monde la vérité reçue ; la famille est appelée à transmettre cette vérité. Nous le savons bien, notre société traverse une crise profonde qui est due à une non-transmission des valeurs. Sans doute faut-il soigner le climat : je n'oublie pas l'importance de la prière familiale, la participation à la vie liturgique ; c'est là qu'est transmise la foi.

Point n'est besoin de se mettre systématiquement au goût du jour ! Nos jeunes ont besoin de points de repère ; il est important de les écouter ; il est tout aussi important de les diriger et de leur montrer le chemin. Cela ne se fait pas sans douleur ! Je ne dis pas que nous détenons la vérité, mais ce dont je suis sûr, c'est que le Christ est le Rédempteur de l'homme et qu'il nous montre le modèle de l'homme libre. Il nous faut retrouver cette anthropologie chrétienne : qu'est-ce que l'homme ? Un être créé à l'image et à la ressemblance de Dieu. L'éducation chrétienne consiste à former des êtres libres. Éduquer, c'est éveiller et former la vie de l'esprit, c'est-à-dire le courage de la conscience, la liberté de l'intelligence et la force d'aimer. Nos jeunes ont besoin d'héritages capables de reprendre vie en eux, de donner sens à leur présent et élan à leur croissance. La famille constitue alors une sorte de défi lancé à une société de l'éphémère, de l'immédiatement consommable, du gaspillage des biens, des signes et des paroles. La mission des parents est d'ouvrir le champ du possible ! C'est là l'espace de liberté. Être libre ne consiste pas en ce que tout soit possible, mais dans le fait qu'il y ait du possible. La cathédrale comme église mère doit pouvoir accueillir ses enfants et donc toutes leurs familles.

Les nouvelles générations sont pleines de toute une espérance neuve que l'Église ne peut qu'entretenir. Les jeunes veulent qu'on leur propose une ouverture franche et une exigence vraie. Ils ne veulent pas être vieux jeu, mais pas davantage bercés dans la médiocrité. Ce monde a besoin de nouveaux Don Bosco, de vrais éducateurs. L'avenir de l'Évangile est à celles et ceux qui aiment la vie ; cette vie qui n'est vraie que si elle est éternelle.

L'heure est donc venue de retrouver, d'adapter un discours, une catéchèse qui redise la beauté du message évangélique, l'actualité de la Bonne Nouvelle, la grandeur de cet idéal de vie, de vérité et d'amour. À la suite des grands saints théologiens, nous avons à prendre la défense de la vérité. Ce n'est pas facile ! Mais il faut le faire.

Comment le recteur et les chapelains vivent-ils cette évangélisation ? Pas uniquement eux, mais tous ceux qui travaillent dans cette cathédrale ? « À la base du dynamisme missionnaire, il y avait la sainteté des premiers chrétiens et des premières communautés. »

Pour répondre aujourd'hui aux exigences de la mission, il ne suffit pas de renouveler les méthodes pastorales, ni de mieux organiser et de mieux coordonner les forces de l'Église, ni encore d'explorer avec plus d'acuité les fondements bibliques et théologiques de la foi ; il faut susciter un nouvel élan de sainteté, parmi les missionnaires et dans toute la communauté chrétienne.

C'est dire que l'Église n'a pas seulement besoin d'un plus grand nombre de missionnaires, mais de missionnaires d'une profonde spiritualité.

C'est pourquoi il nous faut vivre en communion avec le mystère du Christ.

L'apôtre est conquis par Jésus. À l'origine de sa vie, il y a Jésus qui appelle et qui envoie. L'apôtre n'est pas d'abord celui qui enseigne une doctrine ou dit des vérités ou qui offre un service ; sa mission consiste à présenter une personne pour inviter et aider les autres à entrer en communion intime avec lui.

Il s'agit d'une relation intime, née d'une expérience de foi, à savoir que le Christ est l'envoyé du Père et l'unique Sauveur du monde. Enraciné dans cette foi, la caractéristique de l'apôtre est d'être l'homme des béatitudes, de la joie, de l'Espérance. Sa vie est constamment animée par le grand désir de partager avec les autres l'expérience du Christ.

Ils sont légion, tous ceux qui sont indifférents ou hostiles, envahis par les choses matérielles... C'est le cas des pays riches.

Mais parfois ils provoquent en nous une lassitude, un manque d'espérance ; il ne faut pourtant pas oublier tous ceux qui cherchent le Christ et son Évangile. Il faut partir de cet acte d'espérance : les hommes ont besoin de Jésus-Christ. C'est pourquoi nous devons avoir une grande familiarité avec le Christ et avec son Évangile. Il faut nous laisser transformer par l'Évangile. Laisser transformer notre mentalité, notre style de vie, nos critères de jugement, notre échelle de valeurs... On ne peut témoigner du Christ sans refléter son image. D'où l'importance du silence et de la contemplation. Le silence, cette capacité d'écoute et d'émerveillement pour se laisser conquérir par le Christ. La contemplation, pour vivre cette intimité ; c'est cette contemplation qui établit ce rapport personnel toujours plus profond avec le Christ. Il s'agit de se laisser pénétrer par le mystère du Christ, à tous les niveaux : mentalité, pensées, critères, jugements, sentiments, motivations, choix d'activités.

Vivre la spiritualité du Christ qui est l'envoyé du Père signifie se laisser modeler par « son style ». En effet, le Christ se laisse saisir par le dessein du Père, pour ne faire que Sa volonté. Renoncement, dépossession, afin d'être totalement libre pour l'Évangile. Cette liberté intérieure qui doit sans cesse grandir. On est vite prisonniers de notre monde. Pour autant, il ne s'agit pas de se couper du monde, mais de regarder ce qui nous retient, nos résistances qui nous empêchent d'évangéliser. Il s'agit de vivre en pleine docilité à l'Esprit, car c'est lui qui modèle intérieurement le cœur et l'esprit du disciple.

Être de plus en plus conforme au Christ, c'est-à-dire être capable de comprendre son mystère et de le suivre.

C'est l'Esprit qui nous rend témoins courageux du Christ. Cette docilité est nécessaire car la mission est difficile.

Si nous nous laissons guider par l'Esprit, nous aurons le courage de proclamer l'Évangile avec franchise et avec sagesse.

Voilà le style de vie de tout évangélisateur ! Nous le savons, il n'est pas facile de vivre selon la voix intérieure ni de toujours la comprendre, car il faut discerner. En effet s'y insèrent l'intérêt, les passions, l'égoïsme, l'esprit mauvais. Nous retrouvons ici le dépouillement du disciple pour se libérer de toutes les passions et tous les intérêts égoïstes : matériels, intellectuels, idéologiques. Nous sommes alors appelés à vivre ce passage de la vie apostolique centrée sur soi à la vie apostolique centrée sur le Christ. Seul l'apôtre qui accepte de mourir à lui-même sera capable d'écouter la voix de l'Esprit saint. Il travaillera également avec d'autres, respectant le travail d'évangélisation passé et présent.

La mission n'est jamais un engagement purement individuel ; c'est l'œuvre de toute l'Église ; la mission est un acte spécifiquement ecclésial.

# Les urgences de la mission

Sans doute marqué par la « petite Thérèse », il me semble que la première urgence est de découvrir le vrai visage de Dieu.

Il nous faut partir de toutes ces fausses représentations de Dieu qui sont le fruit d'un jansénisme pas totalement digéré ! Il faut dire que nous ne faisons pas une bonne lecture de l'Ancien Testament et que nous avons un fond de marcionisme. Pour Marcion, hérétique du IIe siècle, le Dieu de l'Ancien Testament n'est pas le même que celui du Nouveau Testament. Le Dieu de l'Ancien Testament est pour lui, sévère, dur, tandis que Celui du Nouveau Testament est un Père plein de tendresse. Alors que c'est le même Dieu !…

Le Nom de Dieu : « Je suis Celui qui suis » pourrait nous montrer un Dieu lointain et inaccessible. Sa sainteté ouvre devant Lui un abîme infranchissable à toute créature.

Le titre de « Saint de Dieu » est peut-être le nom le plus ancien donné au Christ pour exprimer l'au-delà mystérieux qui rayonnait de sa personne. La sainteté se manifeste avec éclat lorsqu'elle se rend proche des pécheurs. Le Dieu trois fois saint est en Jésus l'ami des pécheurs. Voilà ce qui a fait scandale.

Le zèle jaloux de Dieu est un autre aspect de son intensité intérieure. Cette jalousie est la passion que notre Dieu apporte à tout ce qu'Il fait et à tout ce qu'Il touche. Dieu est Dieu, et l'homme n'est qu'une créature ! Et cette différence si radicale, l'homme en fait une mauvaise interprétation. En effet, dans la puissance de Dieu nous voyons la force efficace mais non la fidélité du cœur. Dans Sa sainteté, nous ne voyons que distance infranchissable, sans soupçonner qu'elle est en même temps tendresse. Dieu est le Tout-Puissant et à la fois le Dieu des pauvres.

La notion de Père a glissé du registre de l'amour et de l'engendrement à celui de pouvoir et de possessivité. Le mal n'a pu s'introduire dans la création que parce que Dieu respecte l'homme et ne lui impose pas la contrainte de Sa sainteté. Le mal trouve son explication dans la liberté humaine. Nous avons toujours la possibilité de refuser Dieu. Mais « la foi nous donne la certitude que Dieu ne permettrait pas le mal s'Il ne faisait pas sortir le bien du mal même par des voies que nous ne connaîtrons pleinement que dans la vie éternelle » (*Catéchisme de l'Église catholique*, n° 324)

Dieu ne nous demande pas de nous anéantir devant Lui afin de faire place à Sa divine majesté. Dieu nous invite plutôt à l'humilité pour la faire grandir vers la Sienne, pour faire part de Sa puissance. Dieu descend vers l'homme pour le faire entrer dans Son royaume. Notre Dieu est un Dieu auquel l'homme peut dire « Tu » comme on peut le dire à un familier. Notre Dieu dialogue avec nous. Dieu parle dans la prière. Il ne peut y avoir de véritable prière que si l'homme est capable d'une initiative personnelle dans son rapport avec Dieu. En regardant le Christ, c'est le Père qu'on découvre, et d'abord un Père qui aime. Le Père aime autant qu'Il est, car Il est Dieu en sa paternité. Tout amour vrai est immolé, c'est-à-dire don de soi, effusion qui peut aller jusqu'à l'épuisement de soi. L'amour qui immole le Fils est d'abord celui que le Père porte à Son Fils et au monde : « Dieu a tant aimé le monde. » Dans sa mort, Jésus révèle l'immolation du Père qui ne fait qu'un avec lui. Le Christ, dans son humanité, nous révèle le vrai visage de son Père. C'est par la théologie du cœur que nous pourrons modifier les fausses représentations du Père et ne plus séparer les deux Testaments. Tout l'Ancien Testament est l'histoire d'une tendresse divine qui choisit son peuple, le délivre, le sanctifie et le purifie. L'histoire d'Israël manifeste avec force le caractère miséricordieux de l'amour patient de Dieu pour Son peuple. Il faudrait relire le livre d'Osée. Comment notre Dieu, qui est notre Père, ne pourrait-il pas être miséricorde pour tous ceux qui sont dans la détresse ?

Pour célébrer cette miséricordieuse tendresse, l'Écriture parle de la bonté, de la bienveillante fidélité, de la miséricorde qui pardonne.

Cette paternité, Dieu l'exerce à l'égard de Son Fils. Certes, Dieu n'a pas épargné Son Fils, et pourtant, c'est pour lui d'abord que Dieu est miséricorde et consolation. Dans la suprême détresse du Fils, le Père le comble de Ses miséricordes et le ressuscite dans l'infinie consolation de l'Esprit saint. Cette miséricorde est liée à la toute-puissance de Dieu. Miséricorde et puissance ne s'opposent pas. Les séparer risque de trahir le cœur du Père. Si, aujourd'hui, les hommes ont peur de Dieu, c'est à cause de cette opposition qu'ils ont introduite eux-mêmes en Lui. Cette toute-puissance divine s'identifie avec Sa paternité. Elle s'identifie non avec une sorte d'autoritarisme ni de volonté de puissance, mais comme une donation de vie infinie. Là encore, le Fils nous révèle le vrai visage de la toute-puissance ; elle est humble !

Il y a deux conceptions de la puissance : celle de l'homme qui est souvent proche de celle de Satan et celle de Dieu qui n'est que service, amour, don de soi ; oui, la puissance de Dieu se manifeste dans la faiblesse.

En Jésus-Christ, la toute-puissance de Dieu se présente dans l'humilité extrême, dans la soumission jusqu'à la mort. Dans l'Apocalypse, le berger tout-puissant se transforme en un agneau immolé qui mène le troupeau : « Car l'agneau qui se tient au milieu du trône sera leur pasteur et les conduira aux sources des eaux de la vie et Dieu essuiera toute larme de leurs yeux » (Ap 7, 17). Un pasteur sacrifié, un agneau immolé, une chair livrée, un pain mangé, c'est ainsi qu'en Jésus se définit la grandeur divine.

Les paraboles de la miséricorde, celles de la brebis perdue, de la pièce d'argent et du Fils prodigue sont nées de la polémique avec les soi-disant défenseurs de la sainteté, les scribes et les pharisiens. Ceux qui se prennent pour des justes et qui rejettent les pécheurs trouvent le Dieu de sainteté très lointain. Mais ces hommes pervertissent l'idée de sainteté ; ils l'identifient à la dureté de leur propre cœur et à leur suffisance. Ils oublient que Dieu va au-devant des pécheurs pour rétablir la relation filiale. C'est par la Croix que le Père révèle Sa sainteté divine. Ainsi la sainteté rapproche Dieu et se manifeste à nous en nous sanctifiant.

De même la justice s'exerce sur nous en nous justifiant. Là encore, il nous faut convertir nos idées sur la justice de Dieu. La justice de Dieu est celle d'un père. « Père juste », c'est ainsi que le Fils s'adresse à son Père dans la prière sacerdotale. Notre Père n'est pas un justicier : « Il n'y a pas d'autre Dieu que moi, Dieu juste et sauveur » (Is. 45).

La justice du Père ne condamne pas, elle est source de vie. Elle est avant tout miséricordieuse fidélité à une volonté de salut. C'est pourquoi elle est l'espérance de l'homme en sa détresse.

Dieu n'exerce pas Sa justice à la manière humaine, distribuant châtiments et récompenses. Dans l'œuvre du Salut, le Père montre Sa justice non pas en réclamant un prix, mais en le payant. Le propre de la justice de Dieu est de s'exercer en se communiquant.

La justice est aimable, secourable et justifiante. Certes, elle peut paraître redoutable en sa majesté ; pour y consentir, l'homme doit se laisser travailler par l'Esprit, souvent durement, jusque dans ses profondeurs.

Dieu décide de ne pas s'en tenir avec l'homme à la stricte justice, mais de le sauver gratuitement et miséricordieusement. Dieu s'engage vis-à-vis de l'homme dans une histoire de salut. Ainsi la stricte justice n'est pas le dernier mot de Dieu. Au-delà de la stricte justice, Dieu est Amour et miséricordieux.

L'Amour, tout en dépassant la justice, ne l'élimine pas, mais l'inclut. Le Père instaure un nouvel ordre de justice. En Dieu, justice et miséricorde sont liées. Dieu est juste en étant fidèle à ce qu'Il est, c'est-à-dire Amour miséricordieux. Le Père est juste en faisant miséricorde ; et en faisant miséricorde, Il agit en justice envers l'homme ; Il donne à l'homme ce qui lui est dû depuis que Dieu a fait alliance avec lui.

La justice de Dieu est bien un attribut de l'Amour qu'Il est. Le jugement n'est qu'un acte d'amour, car il n'y a en Dieu aucune vengeance. Dieu ne répond au mal et au péché que par l'Amour. Dieu ne « se défend » pas non plus, parce qu'Il n'a rien à défendre. N'étant qu'Amour, Son amour est à la fois totalement vulnérable et totalement inattaquable : rien ni personne ne peut faire naître en Dieu autre chose que de l'amour.

« Le jugement, le voici : la lumière est venue dans le monde et les hommes ont préféré l'obscurité à la lumière parce que leurs œuvres étaient mauvaises. En effet, quiconque fait le mal hait la lumière et refuse de venir à la lumière de crainte que ses œuvres ne soient démasquées. Celui qui fait la vérité vient à la lumière pour que ses œuvres soient manifestées, elles qui avaient été accomplies en Dieu » (Jn 3, 19-21).

Ce texte de saint Jean est essentiel. Le Christ nous révèle l'intention de son Père qui n'est que de sauver. Il ne veut pas juger ; c'est l'homme qui se met lui-même en situation d'être jugé. En réalité, c'est l'homme qui se juge. Personne n'est extérieur à Dieu ; mais l'homme peut dire non à l'Amour. C'est là l'œuvre du péché. Le jugement de Dieu consiste en ceci : c'est l'amour qui respecte le jugement de l'homme et dans un acte d'amour le ratifie. Pour celui qui croit, il n'y a pas de jugement : « de crainte, il n'y en a pas dans l'amour ; mais le parfait amour jette dehors la crainte, car la crainte implique un châtiment » (1 Jn 4, 18). En saint Jean, la doctrine du jugement s'achève dans la doctrine de l'Amour. Je l'ai déjà dit un peu plus haut.

L'homme qui met son espoir en son Père attend avec impatience, sans avoir peur, le jour de la justice. « Nous attendons l'espérance de la justice », dit saint Paul dans l'Épître aux Galates (Gal 5, 5). Nous comprenons alors la nouveauté apportée par la « petite Thérèse » à propos de la justice, en un siècle fortement marqué par le jansénisme. Sa sœur Léonie défendait les droits de la justice divine, ainsi que l'idée de s'offrir à la justice de Dieu. Thérèse lui répond en lui disant qu'il dépend de l'homme de se situer par rapport à la justice ou à la miséricorde, et d'obliger Dieu à agir envers lui en vertu de Sa justice ou de Sa miséricorde. Seul celui qui se situe par rapport à l'Amour miséricordieux se situe par rapport au vrai Dieu, tandis que l'autre se juge lui-même et oblige Dieu à le juger. C'est pourquoi nous arriverons dans le Royaume du Père les mains vides.

« Ma sœur, dit-elle, vous voulez de la justice de Dieu, vous aurez de la justice de Dieu. L'âme reçoit exactement ce qu'elle attend de Dieu. » Quant à nous, choisissons de nous offrir à l'Amour miséricordieux et nous recevrons exactement du Père Son amour infini.

Voilà un chemin de liberté ! À Notre-Dame, parce qu'elle est l'église mère, on se doit de proposer ce chemin. C'est la Mère qui avec sa tendresse nous fait découvrir celle du Père. Il faudra du temps pour purifier ces images erronées de Dieu, tout comme il faudra du temps pour montrer que la morale de l'Église est celle du bonheur et non des interdits et des obligations.

La seconde urgence est l'éducation à la liberté.

« Si vous demeurez dans ma parole vous serez vraiment mes disciples, vous connaîtrez la vérité et la vérité vous rendra libres » (Jn 8, 31). Il me semble que l'éducation à la liberté est le fondement de l'éducation chrétienne.

Si tant de jeunes ont du mal à s'engager dans la vie professionnelle, familiale, religieuse, civique... c'est parce qu'ils n'ont pas encore cette liberté intérieure. Il n'est pas question de traiter ce sujet beaucoup trop vaste. Je souhaite simplement donner des orientations que j'ai développées dans le livre : *Éduquer des êtres libres* (Parole et silence, 2001).

Quelles sont les étapes pour une telle éducation ?

Celle de l'enfance où le jeune apprend une discipline de vie. Il s'agit de lui apprendre les règles essentielles pour le structurer, mais aussi pour protéger et faire grandir ce germe d'Amour qu'il porte en lui, puisque créé à l'image et à la ressemblance de Dieu.

Les premiers pas sont les plus importants ! Comment ne pas rendre grâce pour tout ce travail fait à l'école ? Il me semble qu'il faut valoriser ce temps des fondements et, en même temps, montrer les enjeux. Nous le savons bien, il est difficile de construire sur du sable ; il est difficile de reprendre le travail qui aurait dû être fait dès l'enfance ; c'est vrai pour la formation intellectuelle ; c'est tout aussi vrai pour l'éducation à la liberté.

Les premières causes de la violence des jeunes sont à chercher à cet âge. Le laisser-faire comme la rigidité n'ont jamais donné des êtres libres, mais des automates ou des êtres complètement déstructurés. L'instituteur aura cette belle mission de faire découvrir à l'enfant tous les talents reçus, à le maintenir dans la simplicité et la transparence du cœur, conditions pour accueillir la vérité. C'est dire l'importance de la vie intérieure.

C'est très tôt que l'enfant peut descendre dans son cœur pour faire l'expérience de cette intimité avec le Seigneur, de découvrir un « moi plus profond que lui-même » dans le silence. L'éveil à la foi passe par cette communion avec le Christ. Dieu le Père, qui connaît les cœurs de Ses créatures, a voulu nous donner Ses dix commandements, comme première étape. Ce Décalogue ne détruit pas la liberté, bien au contraire ; il commence par l'Amour : « Tu aimeras », parce que telle est notre vocation, et les interdits comme les obligations sont donnés pour protéger ce don reçu. Là encore, ce sont les parents les premiers éducateurs, mais aussi les enseignants qui doivent transmettre leur expérience.

Autorité et confiance, patience et humour, douceur et fermeté, humilité et bonté… Ai-je besoin d'insister sur toutes ces qualités qui appartiennent à l'éducateur ?

La deuxième étape est celle de l'adolescence : étape du progrès, étape difficile mais passionnante. C'est sans doute là qu'il faudrait retrouver les attitudes de nos saints éducateurs.

Je pense que nous pouvons retrouver le chemin des vertus qui fait partie du patrimoine de nos « humanités », mais éclairé par la Parole de Dieu et nourri par les sacrements. Je veux parler des vertus cardinales et théologales, des dons et des fruits de l'Esprit saint.

Les qualités d'un éducateur, pour cette étape, sont sûrement aujourd'hui celles de l'accompagnement, d'une proximité égale à la distance, d'une maîtrise de soi. Le synode des jeunes a souligné l'importance de l'accompagnement pour le discernement, pas seulement vocationnel mais pour tout engagement dans la vie. Les jeunes demandent des accompagnateurs efficaces, dignes de confiance, remplis de foi ; des imitateurs du Christ vivant une vie authentiquement heureuse qui nourrissent une relation avec Dieu et avec l'Église. Nos adolescents ne peuvent pas faire le chemin tout seuls. Cet accompagnement est d'abord une écoute, mais aussi un dialogue.

Cette écoute suppose de la disponibilité ; « Il y a un temps pour tout », dans l'éducation, il faut du temps ! Que d'éducateurs veulent voir immédiatement le progrès... ! Souvent, nous semons dans les larmes, pour reprendre le psaume 126, tandis que d'autres récoltent en chantant. Et c'est vrai que c'est merveilleux de récolter de temps en temps !

Il ne s'agit pas simplement d'écouter, mais d'éduquer. On ne peut pas se taire ! Nos jeunes ont besoin de points de repère. Il y a des conseils à donner, ainsi que des directions. Sans doute pouvons-nous partir de leur expérience pour leur montrer ce qui n'a pas marché. J'aime cette phrase de Thérèse d'Avila : « La sainteté, c'est de tomber et de se relever. »

On l'aura bien compris, ce n'est pas un encouragement à tomber, mais à se relever. La mission éducative est belle, même si parfois elle est usante... La vertu de prudence est à développer ! Nos adolescents, manipulés par ce qu'ils entendent et ce qu'ils voient, n'arrivent plus à discerner la vérité. Nous avons à leur donner les moyens pour un tel discernement. C'est dire qu'il faut à la fois être très proche d'eux, tout en respectant la distance. Je me réjouis de voir que des éducateurs prennent du temps pendant les loisirs ; les patronages réapparaissent dans les paroisses, quelle merveille !

Être proche de nos jeunes pour que le souhait de Don Bosco soit réalisé : « Que non seulement les jeunes soient aimés, mais qu'ils se sachent aimés. » Mais pour cela, il faut que le père soit père, que la mère soit mère, que l'éducateur soit éducateur, que le prêtre soit un père ! On ne peut pas jouer au grand frère ! Car si, au début, nous avons l'impression d'être accueillis dans la « tribu des ados », rapidement nous serons rejetés... Ils attendent autre chose de nous – même si parfois ils font la sourde oreille !

La maîtrise de soi est, de fait, une qualité importante. L'adolescence est une période tumultueuse au cours de laquelle le jeune oscille entre l'enfant et l'adulte, l'agréable et le désagréable, le logique et l'irrationnel, et généralement dans une même journée. Il va donc chercher à vous faire sortir de vos « gonds », à repérer la faille, à voir jusqu'où il peut aller... La colère excessive ne porte jamais aucun fruit ; elle peut stopper la colère de l'adolescent, mais celle-ci sera refoulée dans son cœur. Il faudra apprendre à l'enfant à manifester sa colère avec maturité.

Pour apprendre à un jeune à découvrir sa liberté, il faut avoir fait le chemin qui est celui de la dépossession. L'éducateur n'est pas un propriétaire de « ses » jeunes, comme les parents ne sont pas propriétaires de leurs enfants. Ils sont des dons. L'éducateur qui viendrait à l'oublier supprimerait la liberté des jeunes qui lui sont confiés.

Si le Décalogue correspond au temps des fondements, le Sermon sur la montagne développé dans l'Évangile selon saint Matthieu, aux chapitres 5 à 7, correspond au temps de la formation, du progrès. Le Christ, dans ce sermon, fait la critique de la morale légaliste des pharisiens accrochée aux préceptes négatifs du Décalogue. Je dirais que, par analogie, l'éducation ne peut pas s'en tenir à l'interdit ou à l'obligation ; elle doit faire progresser les qualités de cœur et conduire ainsi à la vérité. Il est vrai que, parfois, on en reste à la première étape, et généralement la crise d'adolescence, même si elle est parfois retardée, a cependant lieu avec des conséquences assez graves.

Le Sermon sur la montagne est sûrement plus difficile à vivre que le Décalogue, mais le Christ donne la grâce pour le vivre !

Terminons avec la troisième étape, celle de la maturité. Elle devrait correspondre aux classes terminales ; malheureusement, l'entrée dans l'âge adulte est de plus en plus retardée, précisément à cause de ce manque de liberté. Retenons ces trois critères qui sont signes d'une liberté intérieure :

– être capable de maintenir et de déployer ensemble, l'une par l'autre, la personnalité et l'ouverture à autrui ;

– être capable de maintenir et de déployer ensemble, l'une par l'autre, l'intériorité et l'extériorité ;

– être capable de maintenir et de déployer ensemble, l'un par l'autre, le « pour soi » et le « pour autrui ».

Ces trois critères récapitulent tout le travail de l'éducation chrétienne. Nous sommes au cœur de l'évangélisation.

Il est vrai que la cathédrale n'a pas pour mission d'éduquer les jeunes. Cela se fait naturellement en famille, comme dans les établissements scolaires, en paroisse, etc. Toutefois, de nombreux parents viennent nous confier leurs difficultés et parfois leurs souffrances, et nous sommes là non seulement pour les offrir au Seigneur, mais pour leur donner les orientations qu'ils attendent. De nombreux jeunes viennent dans nos lieux d'accueil pour nous poser des questions sur leur avenir. Il me semble que la cathédrale doit être éducatrice et participer à la formation des accompagnateurs. Le pape François insiste sur une telle formation.

# D'abord prêtre

Depuis le début de ce livre, je vous dis ce que je fais. Mais peut-être aurais-je dû commencer par le plus important, à savoir ce que je suis. Ces dernières pages sont un témoignage de ce qui fait le tout de ma vie. Mon ministère depuis tant d'années a été au service de la formation des prêtres, à leur accompagnement spirituel et à leur formation permanente. C'est dire l'importance de cette amitié sacerdotale. La cathédrale reçoit de nombreux prêtres parisiens, tout simplement parce que c'est leur maison ; d'autres prêtres provinciaux ou étrangers aiment s'y retrouver pour goûter au climat spirituel et liturgique ; d'autres viennent avec leurs enfants de chœur ; d'autres, enfin, en profitent pour recevoir le sacrement de la réconciliation. En effet, le prêtre se confesse régulièrement, à commencer par le recteur !

En ce dernier chapitre, je souhaite donc partager avec vous quelques convictions qui me font vivre ; je ne vais pas tracer le portrait d'un prêtre parfait... Existe-t-il, d'ailleurs ? Le Curé d'Ars, sans doute ; mais il avait aussi ses limites et ses fragilités.

Depuis mon ordination en juin 1980, trois belles figures de papes ! Ce sont eux qui ont nourri ma théologie du sacerdoce. Jean-Paul II, le pape de l'espérance ; Benoît XVI, le pape de la foi ; François, le pape de la charité. Ces trois pasteurs ont donné des orientations qui aujourd'hui guident mon ministère, notamment à Notre-Dame.

« Il est un aspect essentiel du sacerdoce qui ne change pas : le prêtre de demain, tout autant que celui d'aujourd'hui, doit ressembler au Christ » (saint Jean-Paul II, « La formation en l'an 2000 »). C'est pourquoi il aimait dire aux prêtres : « On veut voir Jésus à travers vous. »

L'émerveillement du début, la vocation, don et mystère. Jean-Paul II nous confie l'histoire de sa vocation, le chemin spirituel, l'accompagnement de son père spirituel. Oui, quel mystère ! Pourquoi nous ? Sans doute aurons-nous la réponse en arrivant dans le Royaume.

« Nous avons été appelés ! Voilà la vérité fondamentale qui doit nous combler de courage et de joie. »

Nous avons été appelés de la manière la plus personnelle. Chaque prêtre a son histoire. J'ai entendu l'appel le jour de ma première communion, à sept ans. Je dis souvent que j'ai été nourri à l'eau de Lourdes, tant la Sainte Vierge fait partie de cet appel. Mais c'est le Christ qui appelle et qui donne les moyens d'accomplir ce qu'il propose. Durant toute notre vie sacerdotale, il y a ses appels successifs. Le prêtre exerce son ministère dans l'esprit de désappropriation du serviteur inutile, ne désirant rien d'autre que d'accomplir la volonté du Maître.

Nous avons été choisis pour être avec le Christ, et il nous faut approfondir cette relation d'amitié avec le Seigneur. Jean-Paul II fut un modèle. Ceux qui ont eu la grâce de prier avec lui dans sa chapelle privée ont vu un pape porter le monde sur ses épaules : une prière d'intercession proprement sacerdotale. La prière était le cœur de sa vie.

Ce fut sans doute le secret de son visage transfiguré, de ce sourire qui exprimait sa paix et sa joie intérieures. La question des vocations sacerdotales était pour lui une réelle préoccupation. Un saint prêtre est appelant ! Saint Jean-Paul II, dans sa première lettre adressée aux prêtres le jeudi saint 1979, évoque une paroisse sans prêtres : « Pensez à ces lieux où les hommes attendent avec angoisse un prêtre, où, depuis des années, ressentant son absence, ils ne cessent de souhaiter sa présence. Il arrive parfois qu'ils se réunissent dans un sanctuaire abandonné et qu'ils mettent sur l'autel l'étole, encore conservée, et récitent toutes les prières de la liturgie eucharistique, et voici que, au moment qui correspondrait à la consécration, descend parmi eux un profond silence, parfois interrompu par un sanglot [...] tant ils désirent ardemment entendre les paroles que seules les lèvres d'un prêtre peuvent prononcer efficacement ! » Je médite souvent ce texte en pensant à de si nombreuses paroisses françaises qui n'ont plus de prêtre, quelle souffrance !

L'ordination sacerdotale ne confère pas d'abord une mission dans l'Église mais une nouvelle consécration ; nous devenons un autre Christ. Il nous faut raviver ce don. Comme le dit Jean-Paul II : « Le prêtre est ontologiquement participant du sacerdoce du Christ, l'homme du sacré [...], il répand et distribue à ses frères ce qui est sacré : la vérité, la grâce de Dieu. Voilà la véritable identité sacerdotale, voilà l'exigence essentielle du ministère sacerdotal » (1993).

Ce don du sacerdoce n'est pas pour le prêtre, mais pour l'Église, pour le peuple qui lui est confié. L'évêque envoie ses prêtres là où les besoins se font sentir. Certes, il y a un dialogue, ne serait-ce que pour vérifier les aptitudes pour telle mission, mais c'est la façon pour le prêtre d'entrer dans l'obéissance du Christ et de ne pas oublier qu'il ne choisit pas sa mission.

Il est évident, en entendant tout cela, que le prêtre est appelé à la sainteté. « Chacun de vous doit être saint, afin d'aider ses frères à réaliser leur vocation à la sainteté. »

Notre premier moyen de sanctification est le ministère lui-même, en qui s'exprime la grâce sacerdotale. Le prêtre se laisse transformer par la Parole qu'il proclame ; il est sanctifié par la célébration des sacrements qui le fortifie dans la foi et l'union au Christ ; enfin, en exerçant sa charité pastorale, il unifie son cœur.

« Il faut au prêtre une âme toute rayonnante de beauté dont la lumière éclaire et réjouisse les âmes de ceux qui ont les yeux tournés vers lui », disait saint Jean Chrysostome, Père de l'Église du IVe siècle, dans son traité sur le sacerdoce. C'est pourquoi le prêtre doit avoir un directeur spirituel qui va d'abord l'encourager et l'aider à être en vérité sur lui-même… Et quelle grâce pour le directeur spirituel ! Accompagnant de nombreux prêtres, sur la demande de mon évêque, je peux vous confier que ce sont des moments de grâce !

Le chemin de sainteté, c'est celui de l'humilité et de l'obéissance. L'orgueil conduit au cléricalisme, l'humilité rappelle à tous, prêtres et laïcs, que nous ne sommes que des serviteurs.

L'obéissance est un fruit de la grâce sacerdotale ; elle nous permet de nous désapproprier de la mission qui ne nous appartient pas. C'est une façon de vivre la chasteté, en étant toujours dans l'ordre du don. Le célibat est un défi lancé à la mentalité de notre temps. Certains voudraient voir le mariage des prêtres comme la solution miracle à la crise des vocations… Mais c'est là un rêve ! Ce dont je suis sûr, c'est que, si j'étais marié, ma chère épouse et mes enfants ne me verraient pas beaucoup ! Le célibat doit être vécu comme un don. Lié au célibat, l'esprit de pauvreté garantit notre liberté spirituelle.

Jean-Paul II, lors d'une retraite aux prêtres, disait : « Seul celui qui possède le Christ, parce qu'il le désire, parce qu'il l'aime, est en communion de vie avec lui, une communion intime, permanente, progressive, et devient témoin et donc évangélisateur crédible. »

On est prêtre avant tout pour l'Eucharistie ! Le prêtre vaut ce que vaut sa vie eucharistique, disait encore le pape, et il ajoutait : « Messe sans amour, prêtre stérile ; messe fervente, prêtre conquérant d'âmes ; dévotion eucharistique négligée et sans amour, prêtre en danger de se perdre. »

Quelle grâce avons-nous, prêtres, de pouvoir célébrer chaque jour l'Eucharistie ! Elle est notre force ; elle nous recentre sur l'essentiel. C'est le cœur de notre vie sacerdotale. L'Eucharistie est l'idéal de la vie du prêtre. Il doit être prêtre et hostie, pour reprendre saint Thomas d'Aquin. L'adoration eucharistique aide aussi le prêtre à se configurer au Christ, pour qu'il soit tout à tous.

Le prêtre est ensuite témoin de la tendresse de Dieu en étant serviteur de la miséricorde. Saint Jean-Paul II le redit aux prêtres : « Susciter dans le cœur de l'homme la conversion et la pénitence, et lui offrir le don de la réconciliation, constitue la mission naturelle de l'Église qui continue ainsi l'œuvre rédemptrice de son Divin Fondateur. »

Comme vous le voyez, le saint pape recentre toute sa théologie sur le caractère sacré reçu à l'ordination ; le prêtre n'est pas un fonctionnaire, il est d'abord configuré au Christ, l'unique grand-prêtre. C'est son point de départ pour développer la vie spirituelle et sacramentelle. Nous comprenons alors son souci de ramener les prêtres à la source pour qu'ils redécouvrent leur identité. Les anciens ont parfois du mal à comprendre la nouvelle génération de prêtres ; mais ils sont précisément de la génération de Jean-Paul II, ce qui explique qu'ils ressentent le besoin de montrer et de dire leur joie d'être prêtres.

Nous sommes envoyés pour chercher les brebis perdues, pour les conduire aux sources vives du Salut. Le prêtre est chargé de nourrir le troupeau par la prédication de l'Évangile, par l'enseignement. C'est pourquoi il doit marcher au rythme du troupeau, en étant attentif aux brebis qui s'essoufflent et qui abandonnent le chemin. Voilà la véritable charité pastorale. Cela suppose une véritable disponibilité, la connaissance de l'humanité, la patience du pasteur, une écoute des cœurs blessés avec un regard d'espérance. Ce regard ne sera donné au prêtre que dans une prière contemplative qui lui permet d'épouser le regard de Dieu sur les hommes.

En parlant du prêtre, selon saint Jean-Paul II, nous ne pouvons pas oublier la présence de Marie, Mère du sacerdoce : « Au milieu du peuple qui regarde Marie avec tant d'amour et d'espoir, vous devez la regarder avec une espérance et un amour exceptionnels [...]. Qui pourra vous rendre plus conscients de ce que vous faites, sinon celle qui l'a nourri ? » Marie est la mère des prêtres, et comme toute mère elle veille sur la vie spirituelle des prêtres de son Fils. Comme ministre du sacrement de la miséricorde, Marie est proche du prêtre ; elle qui, par sa tendresse et son intercession auprès des pécheurs, conduit à la source de l'amour miséricordieux. Ce n'est pas pour rien que le Christ en Croix a confié sa Mère au prêtre Jean. Comme le dit Jean-Paul II : « Jean a répondu immédiatement à l'invitation du Christ et il a pris Marie avec lui. [...] Je voudrais dire qu'il s'est montré un vrai prêtre, oui, un fidèle disciple de Jésus. »

Comme prêtre, nous avons besoin de sa présence : « Pour tout prêtre, prendre Marie dans sa maison veut dire lui faire une place dans sa vie en demeurant dans une union habituelle avec elle par la pensée, l'affection, le zèle pour le Royaume de Dieu et pour son culte. »

Il en va de la fécondité de notre ministère sacerdotal. Marie nous aide à redire sans cesse le *fiat*, à vivre les vertus évangéliques, à renouveler notre consécration. Jean-Paul II partage son expérience sacerdotale : « Il y a dans notre sacerdoce ministériel la dimension merveilleuse et très profonde de notre proximité avec la Mère du Christ. Efforçons-nous donc de vivre dans cette dimension. S'il est permis de se référer ici à sa propre expérience, je vous dirai qu'en vous écrivant je me reporte surtout à mon expérience personnelle. »

« *Totus Tuus* » – « Tout à Toi » –, la devise de saint Jean-Paul II, est imprégnée de la conviction que le chemin le plus sûr pour appartenir totalement au Christ est de se consacrer corps et âme à la Vierge Marie.

Quittons saint Jean-Paul II pour Benoît XVI qui a marqué son pontificat entre autres par l'année sacerdotale en 2010.

Il poursuit l'enseignement de son prédécesseur, en partant de l'être du prêtre. À partir de l'expression du Curé d'Ars « le sacerdoce, c'est l'amour du Cœur de Jésus », il présente le sacerdoce comme un don : « Cette expression touchante nous permet avant tout d'évoquer avec tendresse et reconnaissance l'immense don que sont les prêtres, non seulement pour l'Église, mais aussi pour l'humanité elle-même. » Non, le pape ne veut pas rendre les prêtres orgueilleux, mais il souhaite que nous prenions toujours plus conscience de la grandeur du sacerdoce et donc de notre responsabilité.

La consécration du prêtre, c'est le don de la grâce reçu le jour de son ordination. Plus il prendra conscience de ce don, plus il en vivra, plus il produira du fruit. Pour raviver sans cesse sa consécration, le prêtre doit se laisser façonner par la Parole de vérité : « Consacre-les dans la vérité », dit Jésus à son Père dans sa prière sacerdotale.

Cette consécration est une véritable transformation de l'être du prêtre. Saint Grégoire de Nysse dit que le prêtre est changé « en mieux ». Mais nous savons aussi que la grâce ne détruit pas la nature ! C'est pourquoi, tout au long de sa vie sacerdotale, le prêtre doit se laisser saisir par le

Christ et arriver à dire comme saint Paul : « Ce n'est plus moi qui vis, mais le Christ qui vit en moi. » Il est clair que, pour le pape émérite Benoît, le primat absolu de la grâce divine est le fondement de sa théologie du sacerdoce. Imaginez la chance du recteur d'exercer son ministère là où il a été ordonné !

Avant même de parler de la mission du prêtre, de son ministère, de ce qu'il doit faire, Benoît XVI revient sur son être : « La dimension missionnaire du prêtre naît de sa configuration sacramentelle au Christ-Tête [...]. Les candidats par l'imposition des mains deviennent des hommes nouveaux, deviennent prêtres. » C'est ce que nous avons dans l'Évangile : le Christ appelle ses disciples pour être d'abord avec lui, puis annoncer la Parole. Mais il faut avant tout faire l'expérience de la proximité avec le Christ, en s'identifiant à lui. Nous avons à poursuivre sa mission, encore faut-il vivre avec le Christ pour bien le comprendre.

Il nous faut donc passer de ce que fait le prêtre à ce qu'est le prêtre ! D'ailleurs, c'est plutôt à cela que les jeunes seront sensibles – plus, en tout cas, qu'à le voir courir sans cesse, à en perdre son latin et à sombrer dans un activisme effréné, au risque de lui faire oublier l'essentiel, son amitié avec le Christ.

Racontant sa vocation et son ordination, voilà ce qu'il écrit : « À la veille de mon ordination sacerdotale, j'ai ouvert la Sainte Écriture, parce que je voulais encore recevoir une parole du Seigneur pour ce jour et pour le chemin que j'aurai à parcourir comme prêtre. Et mon regard est tombé sur ce passage : "Consacre-les par la vérité : ta parole est vérité." Alors j'ai su : le Seigneur est en train de parler de moi, et de me parler. C'est exactement ce qui arrivera pour moi demain. Nous ne sommes pas consacrés par des rites, même s'il y a besoin de rites. Le bain dans lequel le Seigneur nous plonge, c'est Lui-même. »

Le rite de l'imposition des mains si beau, si mystérieux accompagné par la belle prière prononcée par l'évêque souligne cette consécration avec ce silence sacré et, à Notre-Dame, son bourdon qui sonne pour dire aux Parisiens le don de la grâce qui est en train de se vivre dans la cathédrale. Et le rite de l'onction des mains, « afin qu'elles deviennent des mains de bénédiction, dit le pape. En cette heure, prions le Seigneur pour que nos mains servent toujours plus à porter le salut, à porter la bénédiction, à rendre présente sa bonté ».

Cette consécration identifie le prêtre au Christ. Ainsi, ce n'est pas le prêtre qui évangélise, mais bien le Christ, et le prêtre doit participer à la vie du Christ jusqu'à son sacrifice vécu et célébré dans l'Eucharistie, pour que l'annonce soit authentique.

Nous comprenons alors combien la liturgie est le lieu-source pour le prêtre. C'est là qu'il se revêt du Christ et qu'il parle et agit « *in persona Christi* », c'est-à-dire qu'il laisse au Christ la place de sujet de la liturgie. Le pape Benoît l'a redit : « Il est nécessaire que les prêtres aient conscience que, dans tout leur ministère, ils ne doivent jamais se mettre au premier plan, eux-mêmes ou leurs opinions, mais Jésus-Christ. » C'est dire que la liturgie ne nous appartient pas ; on ne peut pas en disposer comme on le souhaite. Le prêtre en célébrant doit savoir s'effacer pour que ce soit le Christ qui puisse transparaître au cœur de la liturgie.

Nous savons combien la liturgie est centrale pour Benoît XVI. Une de mes plus grandes joies sacerdotales fut de préparer avec une équipe la messe aux Invalides et les vêpres à Notre-Dame, lors de son premier voyage apostolique à Paris. Au cours d'une rencontre au Vatican avec son cérémoniaire, je demandais ce qui ferait plaisir au Saint-Père. La réponse fut nette : à la sortie de Notre-Dame, une œuvre de Messiaen, et, aux Invalides, deux temps de silence, l'un après l'homélie et l'autre après la communion. Le Saint-Père n'imaginait pas la présence de deux cent soixante mille fidèles aux Invalides !

Avant de quitter la sacristie, au moment du départ de la procession, Benoît XVI m'a redit son désir : « N'oubliez pas de demander le silence après l'homélie et la communion. » Ce que je fis après la prédication du Saint-Père ; en revanche, je n'ai pas eu besoin de le réclamer après la communion. La présence priante de Benoît XVI, son recueillement était un appel à l'intériorité. Lui-même fut profondément touché par le silence de cette assemblée.

Le pape a souvent dénoncé ceux qui défiguraient les célébrations eucharistiques, en les transformant en spectacle : « La liturgie ne vit pas de surprises sympathiques, de trouvailles captivantes, mais de répétitions solennelles. » C'est à travers ces répétitions solennelles que se manifeste la sainteté de Dieu. Il faut dans la liturgie recevoir ce qui est donné et non fabriquer un produit. Comme l'écrit Joseph Ratzinger dans *Entretien sur la foi* (Fayard, 2005) : « Dans la liturgie opère une force, un pouvoir que même l'Église tout entière ne saurait nous conférer : ce qui s'y manifeste est l'Absolument Autre qui, à travers la communauté, arrive jusqu'à nous. » Je le vérifie chaque jour à la cathédrale ; même aux messes de semaine moins solennelles, le Tout-Autre surgit et nous saisit.

Comme il le disait aux prêtres du diocèse d'Albano : « Il me semble que les personnes savent percevoir si nous sommes véritablement en dialogue avec Dieu, avec elles et, pour ainsi dire, si nous attirons les autres dans notre prière commune, si nous attirons les autres dans la communion avec les fils de Dieu ; ou si, au contraire, nous faisons uniquement quelque chose d'extérieur. »

Toute notre vie est prière ; la messe en est le centre, mais s'y trouve aussi le fait de demeurer avec le Christ. « Le prêtre qui prie beaucoup, et qui prie bien, est progressivement exproprié de lui-même et toujours plus uni à Jésus Bon Pasteur et serviteur de ses frères. » Saint Charles Borromée disait : « Tu ne pourras pas soigner l'âme des autres si tu laisses la tienne dépérir. [...] Tu dois avoir du temps pour toi pour être avec Dieu. » Le prêtre doit se le redire sans cesse, surtout s'il doit courir partout ! C'est grâce à ces temps de prière qu'il sera proche de l'humanité blessée. Comme le dit le pape émérite : « Le prêtre entre comme le Christ dans la misère humaine, la porte avec lui, va vers les personnes souffrantes, s'en occupe. »

Oui, « la compassion pour le prêtre, c'est la miséricorde dont il est le témoin dans sa propre existence avant que d'en être le ministre pour les autres ». Quel bel appel à la sainteté ! Lorsque le pape s'adresse aux séminaristes, c'est pour leur dire les exigences du sacerdoce. Ce temps de formation doit « être des années de silence intérieur, de prière permanente, d'étude assidue ». Et il poursuit : « Nous devons être saints pour éviter la contradiction entre le signe que nous sommes et la réalité que nous voulons signifier. »

Lorsque Benoît XVI a annoncé qu'il se retirait désormais dans le silence d'une retraite, ce fut un véritable coup de tonnerre ! Certains trouvaient cela courageux, d'autres jugeaient qu'il fuyait ! Ce fut un acte d'humilité et de pauvreté comme il l'avait lui-même prêché aux prêtres. Ce choix était pour le bien de l'Église.

Pour autant, Benoît XVI n'est pas inactif dans son monastère situé dans les jardins du Vatican. Il a une belle mission, celle de porter l'Église dans sa prière. Sans doute reçoit-il non pas pour parler du pape François, mais pour partager ses recherches théologiques et exégétiques.

Tout ce qu'il nous a dit sur le sacerdoce, il le vit lui-même dans le silence. Le jour de sa première messe comme successeur de Pierre, il a dit : « En ce moment, je n'ai pas besoin de présenter un programme de gouvernement. [...]

Mon véritable programme de gouvernement est de ne pas faire ma volonté, de ne pas poursuivre mes idées, mais, avec l'Église, de me mettre à l'écoute de la Parole et de la volonté du Seigneur, et de me laisser guider par Lui. »

En se retirant, il a bien dit aux cardinaux que c'était le fruit de sa prière, que c'était la volonté de Dieu qu'il avait discernée. Quel bel exemple pour le recteur qui quittera ses responsabilités à soixante-quinze ans, non pas parce qu'il l'a décidé, mais parce que c'est l'âge de la retraite !

Depuis l'élection du pape François, nous sommes bousculés, voire surpris, parce qu'il vient d'un autre continent et qu'il semble avoir du mal à comprendre notre vieille Europe.

Réformer les dicastères, oui, mais la réforme fondamentale, c'est de réformer les cœurs, et, là, il faut du temps ! Il est vrai que notre pape ne mâche pas ses mots et, suivant la méthode ignacienne, qu'il nous pose souvent des questions, nous invitant à un examen de conscience. À la première écoute, on pourrait dire qu'il ne nous encourage pas beaucoup et qu'il nous culpabilise ; mais, à bien y regarder, il le fait par amour. À la différence de ses prédécesseurs, le pape va se situer au niveau pastoral, avec des images qu'il affectionne et qui touchent les esprits. Toute pastorale repose sur la théologie, et sa théologie du sacerdoce n'est pas révolutionnaire ; elle s'inscrit dans la continuité, mais avec des accents différents.

J'ai été touché par son homélie lors d'une messe chrismale : « Le prêtre est oint avec l'huile de la joie qui a pénétré à l'intime de son cœur, l'a configuré et fortifié sacramentellement [...], la grâce nous comble et se répand intègre, abondante et pleine sur chaque prêtre. Nous sommes oints jusqu'aux os, et notre joie qui jaillit de l'intérieur est l'écho de cette onction. »

Nous retrouvons ici l'enseignement de saint Jean-Paul II et de Benoît XVI. Le prêtre est configuré au Christ-Prêtre et il doit rayonner la joie qui l'habite. Le pape y revient souvent ; pourquoi les chrétiens ont-ils des têtes d'enterrement quand ils vont à la messe ? Pourquoi certains ressemblent-ils à des poivrons vinaigrés ? Le prêtre est serviteur de la joie, et c'est ainsi qu'il rayonnera !

Le pape parle de « cette joie incorruptible qui peut être endormie ou étouffée par le péché ou par les préoccupations de la vie, mais au fond elle reste intacte comme la braise d'un cap brûlé sous les cendres et peut toujours être réveillée ».

Enfin une joie missionnaire : « La joie du prêtre est située en relation intime avec le saint peuple fidèle de Dieu parce qu'il s'agit d'une joie éminemment missionnaire. »

Le pape François se situe comme pasteur, et, à travers toutes ses interventions, c'est toujours pour resituer le prêtre par rapport à son peuple. Il y a une connivence entre lui et ses paroissiens. Il connaît l'odeur de ses brebis ! Le pape poursuit sur le thème de la joie : « Le prêtre est pauvre de joie simplement humaine : il a renoncé à beaucoup ! Et parce qu'il est pauvre, lui qui donne tant de choses aux autres, sa joie, il doit la demander au Seigneur et au peuple fidèle de Dieu. »

La joie du prêtre, c'est son don, car il y a toujours plus de joie à donner qu'à recevoir, mais c'est aussi le peuple que son évêque lui a confié. Si le prêtre n'est pas heureux, c'est parce qu'il ne perçoit pas qu'il est aimé et attendu. La plus grande joie du pasteur, c'est le dimanche où il rencontre son peuple. C'est un sommet spirituel ; il est là pour accueillir, écouter, prendre des nouvelles qui vont nourrir sa prière sacerdotale.

Et le pape d'ajouter sur la joie : « La joie sacerdotale est une joie qui a pour sœur la fidélité. Pas tant dans le sens que nous serions tous immaculés (puissions-nous l'être avec la grâce de Dieu !) parce que nous sommes pécheurs, mais plutôt dans le sens d'une fidélité toujours renouvelée à l'unique épouse, l'Église. Voilà la clef de la fécondité. »

Quand j'étais directeur du séminaire, je disais toujours aux futurs prêtres : « Lorsque vous serez prosternés et qu'ensuite on vous imposera les mains, demandez la grâce de la fidélité. C'est cette fidélité qui est source de joie et qui rayonnera sur vos visages. »

Enfin, « la joie sacerdotale est une joie qui a pour sœur l'obéissance. Obéissance à l'Église, dans la hiérarchie qui nous donne la paroisse à laquelle nous sommes envoyés, mais aussi l'union avec Dieu le Père, de qui vient toute paternité. »

Ainsi le pape nous encourage-t-il à vivre les conseils évangéliques non comme un fardeau, mais comme une joie qui doit transparaître ! C'est bien ainsi qu'il nous donne des conseils très concrets pour exercer nos ministères, et, comme chaque fois, c'est très didactique et imagé.

Aux collèges pontificaux de Rome, le pape exhorte ainsi les prêtres à sortir ! « Sortir signifie arriver à, c'est-à-dire proximité », on l'a déjà évoqué. Ce thème de la proximité pastorale lui est cher. « Si l'on ne sort pas de soi-même, il n'y aura jamais de proximité. » Que signifie la proximité ? « Être proche de tous ceux dont nous devons être proches. Tous les gens ! On ne peut évangéliser sans proximité. »

On a cette photo du cardinal Bergoglio dans le métro, assis à côté d'un fidèle en train de parler. Pour évangéliser, il faut effectivement écouter les attentes, les besoins, les aspirations. Si nous restons dans la sacristie, nous ne pourrons pas rejoindre celles et ceux qui ne demandent plus rien à l'Église. Et le pape développe cette proximité : « Être proche, mais également cordial ; proximité d'amour, proximité physique. » Cette proximité, elle se traduit dans l'homélie. Le pape a des idées très claires sur l'homélie ;

elles doivent être courtes, avec une image qui retient l'attention. « Le problème des homélies ennuyeuses, c'est qu'il n'y a pas de proximité. C'est précisément dans l'homélie que l'on mesure le degré de proximité du pasteur avec son peuple. Si tu parles dans une homélie, disons vingt, vingt-cinq, trente, quarante minutes – je n'invente rien, cela arrive ! – et que tu parles de choses abstraites, de vérités de la foi, tu ne fais pas une homélie, tu fais un cours ! C'est très différent ! Tu n'es pas proche des gens. C'est pourquoi l'homélie est importante : pour calibrer, pour bien connaître la proximité du prêtre. »

Il faut dire que le genre littéraire de l'homilétique n'est pas simple à enseigner ! Il y en a qui ont des dons et d'autres qui ont plus de difficultés ; alors, dans ce cas, que ce soit court et que l'on fasse parler son cœur, tout en préparant l'homélie !

Aux prêtres du Renouveau, le pape revient une nouvelle fois sur ce thème : « À vous les prêtres, j'ai envie de dire un seul mot : proximité. Proximité à Jésus-Christ dans la prière et l'adoration. Proximité au Seigneur et proximité aux gens qui vous ont été confiés. Aimez votre peuple, soyez proches des gens. C'est ce que je vous demande à vous tous. »

Il y a toujours chez le pape un équilibre entre la pastorale et la spiritualité – c'est ce qu'il dit d'une autre façon à l'assemblée plénière de la Congrégation pour le clergé : « Il s'agit d'être des prêtres, en ne se limitant pas à faire le prêtre, libre de toute mondanité spirituelle, conscient que c'est leur vie qui évangélise avant leurs œuvres elles-mêmes. Qu'il est beau de voir des prêtres joyeux dans leur vocation, avec une sérénité de fond, qui les soutient également dans les moments de fatigue et de douleur ! Et cela n'arrive jamais sans la prière, celle du cœur, ce dialogue avec le Seigneur qui est le cœur, pour ainsi dire, de la vie sacerdotale. Nous avons besoin de prêtres, les vocations manquent. »

Et le pape de montrer l'exemple, puisque chaque soir, avant le dîner, il passe une heure devant le saint sacrement pour un temps de prière, qu'il appelle « mémorieuse » ! Le pape ensuite revient sur l'agir moral des prêtres et les aide à faire un examen de conscience. Là encore, ce n'est pas pour nous culpabiliser, mais finalement pour nous protéger du diable, car Dieu sait que le pape en parle !

« Si le Seigneur revenait aujourd'hui, où me trouverait-il ? Au milieu des gens, priant avec eux et pour eux, partageant leurs joies et leurs souffrances, ou plutôt au milieu des choses du monde, des affaires terrestres, de mes espaces privés ? » Et d'aller plus loin : « Un prêtre ne peut pas avoir d'espace privé, car il est toujours avec le Seigneur ou avec Son peuple [...], je pense à des prêtres que j'ai connus dans ma ville, ils dormaient avec le téléphone sur leur table de nuit. Les gens pouvaient les appeler à n'importe quelle heure, et ils se levaient pour aller donner l'onction des malades. »

Lors d'une messe à Sainte-Marthe, il donnait en exemple un prêtre qui connaissait par leur nom tous ses paroissiens, même les noms de leurs chiens ! Ce qui est sûr pour le pape François, c'est que le prêtre est tout donné et ne doit pas compter sa peine ; il y va de l'évangélisation.

Mais sur ce chemin, il y a des obstacles, des tentations, dit-il ; fait-il des reproches aux prêtres ? Non, il s'agit d'accueillir ses paroles comme un chemin de sainteté. Il nous faut éviter le carriérisme, premier écueil. Un second serait l'orgueil : « Que le prêtre, qu'il soit prêtre ou évêque, soit irrépréhensible ; qu'il ne se soit pas arrogant, qu'il ne joue pas au paon, qu'il soit spirituel, non violent, hospitalier, aimant le bien, sensé, juste, saint, maître de lui, fidèle à la parole digne de foi. »

Si le pape nous aide à faire des examens de conscience, il se veut aussi encourageant, car il aime les prêtres : « Nous n'avons le souvenir que d'une partie minime de tous les prêtres et curés saints qui ont consacré toute leur vie au service de la paroisse, mais ils sont très nombreux, ces curés de campagne qui ont donné la sainteté à leurs paroissiens. »

Et à sa façon, dans un style direct, il répond à l'adresse : « Mon Père, j'ai lu sur un journal qu'un prêtre a fait telle chose ! » par : « Oui, je l'ai lu moi aussi ! Mais dis-moi : sur les journaux trouve-t-on les nouvelles de ce que font tant de prêtres de villes ou de campagnes ? Toute la charité qu'ils font ? Tout le travail qu'ils font pour faire avancer le peuple ? Non, cela n'est pas une nouvelle ! Le célèbre proverbe est toujours valable : un arbre qui tombe fait plus de bruit qu'une forêt qui pousse. »

Lors d'une homélie à Sainte-Marthe : « Il est beau de trouver des prêtres qui ont donné leur vie comme prêtres ; des prêtres dont les gens disent : “Oui, il a mauvais caractère, il est ci, il est ça”, mais c'est un prêtre, et les gens ont du flair ! »

Lors d'une autre messe chrismale, à la manière du Curé d'Ars, il brosse un tableau merveilleux du pasteur : « Le prêtre ne se scandalise pas des fragilités qui secouent l'âme humaine ; il est éloigné de la froideur du rigoriste ; ayant accepté de ne pas disposer de lui, il n'a pas d'agenda à défendre, mais remet chaque matin son temps au Seigneur pour aller à la rencontre des gens [...]. Il sait que l'Amour est tout [...]. Serviteur de la vie, il marche avec le cœur et le pas des pauvres [...], c'est un signe de la tendresse de Dieu. »

Cette tendresse, le prêtre va la donner à travers le sacrement de pénitence. En promulguant une année de la miséricorde, le pape a pu s'adresser une nouvelle fois aux prêtres : « Ne vous lassez jamais d'être miséricordieux !

Si vous avez le scrupule d'être trop "pardonneurs", pensez à ce saint prêtre qui allait devant le tabernacle et disait : "Seigneur, pardonne-moi si j'ai trop pardonné. Mais c'est toi qui m'as donné le mauvais exemple !" » À la fin de ma permanence de confession, j'aime redire cette phrase de ce curé proche de Don Camillo !

C'est pourquoi le pape insiste sur le fait que le confessionnal n'est pas un lieu de torture ; lors une retraite sacerdotale, il s'exprimait ainsi : « Je vous demande d'être des pasteurs avec la tendresse de Dieu. De quitter le fouet pendu dans la sacristie et d'être des pasteurs avec la tendresse, voire même avec ceux qui vous créent le plus de problèmes. »

Aux missionnaires de la miséricorde, en février 2016, le pape donnait naturellement des conseils pour le sacrement : « Je parlais il y a quelques mois avec un sage cardinal de la Curie [vous voyez, ça existe !] à propos des questions que certains prêtres posent pendant la confession, et il m'a dit : "Quand une personne commence et que je vois qu'elle veut avouer quelque chose, je m'en aperçois !" Alors je lui dis : "J'ai compris, avance !" Oui, cela, c'est un père. »

Je terminerai avec cet ultime conseil donné par le souverain pontife, l'amitié sacerdotale : « Recherchez cela, c'est important. Être amis, je crois que cela aide beaucoup à vivre la vie sacerdotale, à vivre la vie spirituelle, la vie apostolique, la vie communautaire, voire aussi la vie intellectuelle. Si je trouvais un prêtre qui me disait : "Je n'ai jamais eu d'ami", je penserais que ce prêtre n'a pas connu une des plus belles joies de la vie sacerdotale. » Et le pape de conclure : « Je vous souhaite d'être amis, je vous souhaite cela dans la vie. L'amitié est une force de persévérance, de joie apostolique, de courage, mais aussi du sens de l'humour, c'est beau, c'est très beau ! C'est ce que je pense. »

Notre cathédrale est, je l'espère, un lieu d'amitié sacerdotale.

Et si, par hasard, un jeune lit ces quelques pages, et s'il se pose la question du sacerdoce, je veux lui dire que « le prêtre fait tous les sacrifices, sauf celui du bonheur ». Vous percevez, je pense, j'espère, à travers toutes ces citations, cet idéal sacerdotal que tous les prêtres essaient d'atteindre. Chacun d'entre nous sait qu'il y a toujours du chemin à parcourir – ceux qui travaillent avec moi le savent bien.

# Table

MIXTE
Papier issu de sources responsables
FSC® C003309

L'Éditeur de cet ouvrage s'engage
pour la préservation de l'environnement
et utilise du papier issu de forêts gérées
de manière responsable.

Imprimé en France par CPI
en mai 2019

pour le compte des Éditions Presses de la Renaissance
12, Avenue d'Italie 75013 Paris

N° d'impression : 151624